(第三版)
赢在责任心
胜在执行力

孙义 郭东峰◎编著

执行力源于责任心，责任心决定执行力。
责任心的强弱决定了执行力的高低。
责任心，旨在责任重在心；
执行力，重在执行偏在力。

图书在版编目（CIP）数据

赢在责任心　胜在执行力 / 孙义，郭东峰编著.
-- 北京：人民日报出版社，2018.2
ISBN 978-7-5115-5216-7

Ⅰ.①赢… Ⅱ.①孙…②郭… Ⅲ.①企业－职工－职业道德 Ⅳ.①F272.921

中国版本图书馆 CIP 数据核字（2018）第 002563 号

书　　名：赢在责任心　胜在执行力
作　　者：孙　义　郭东峰

出 版 人：董　伟
责任编辑：刘天一
封面设计：陈国风

出版发行：人民日报出版社
地　　址：北京金台西路 2 号
邮政编码：100733
发行热线：（010）65369527　65369846　65369509　65369510
邮购热线：（010）65369530　65363527
编辑热线：（010）65369844
网　　址：www.peopledailypress.com
经　　销：新华书店
印　　刷：北京德富泰印务有限公司

开　　本：710mm×1000mm　1/16
字　　数：188 千字
印　　张：13.25
印　　次：2018 年 8 月第 1 版　2018 年 8 月第 1 次印刷

书　　号：ISBN 978-7-5115-5216-7
定　　价：42.80 元

前言

如果我们对那些成功者进行一个全面考察的话，不难发现他们身上有很多共同点，比如勤奋、努力、认真、敢闯敢干、谨慎谦虚……但这些都不是他们成功的关键。他们成功的关键要素有：一是责任心，二是执行力！

责任心和执行力，是成功者的两大支撑点。如果把成功比作高楼的话，那么责任心是前提和基础，执行力则是柱子和大梁。没有责任心，连地基都打不起来；没有大梁和柱子，高楼大厦就是一句空话！所以有这样一句话：赢在责任心，胜在执行力。

事实就是如此。

责任心是最基本的职业精神，是职场人安身立命的根本。一个没有责任心的人，任何企业都不会信任他，他在职场是不能立足的。即便他再有能力，再出色，再勤奋，也注定成为职场的弃儿。这样的人，即使交给他一份工作，他也不可能做好，他只会敷衍应付，有了问题逃避责任，遇到困难绕着走，这样的人，怎么可能有所成就，取得成功？而拥有责任心的人，他们坚信一份工作就是一份责任，他们懂得"没有做不好的工作，只有不负责任的人"，即便在最普通的岗位上，做着最普通的工作，也会兢兢业业，尽职尽责，竭尽全力把自己的工作做到最好，让上司放心，让企业放心，也让自己出彩，赢得职场上的成功。

当然，对于做好工作、做出业绩来说，仅仅有责任心也是不够的，还需要把这种责任心落实到实际工作中去。把事情真正做好的能力，就是执行力。同样的，能取得成功的人永远是那些执行力强、并且能够高效执行的人。他们能够清晰接受上司的指令，并迅速找到最佳的方法把工作执行下去，工作遇到困难他们也会主动想办法解决，遇到任何困难也绝不会阻挠他们执行的步伐，他们呈现出来的永远是完美的结果。这样的员工，哪有不胜出的道理呢？

赢在责任心，胜在执行力，二者缺一不可。责任心是前提，有了责任心，才会尽全力去执行；执行力是要素，没有执行力一切都只是空谈。责任心需要好的执行结果来体现，执行力最终得靠责任心去推动。要成功，不仅要有高度的责任心，更需要超强的执行力。

在当今这样一个激烈竞争的时代，要想成为一个成功者，必须具备高度的责任心，在高度责任心的基础上，再加上超强的执行力，才有可能成功。所以，想要获得成功的职场人，立即着手去增强自己的责任心、提升自己的执行力吧。

本书由孙义和郭东峰共同编著，其中，第三、四、五章由孙义编著，第一、二、六、七章由郭东峰编著。由于时间紧迫及个人水平所限，在编著过程中难免有疏漏之处，敬请读者批评指正。

目录

第一章 赢在责任心，没有责任心一切都是空

> 责任心是至高无上的职业精神，是做好一切事情的前提。每一份工作都是一份责任，没有责任心，任何工作都难以做好。要赢得职场成功，必须具有高度的责任心，勇于负责，敢于负责，任何时候都不推卸责任。

1. 责任心是员工的第一准则 / 002
2. 责任心胜于能力，不负责任能力再强也没用 / 010
3. 责任心缺失，执行力就会缺位 / 014
4. 没有责任心，细节就会出错 / 019
5. 丢了责任，也会丢了诚信 / 021
6. 失去责任，安全成空 / 024
7. 反省自己，自觉杜绝不负责任的行为 / 029
8. 培养负责的习惯，让责任心融入自己的DNA / 034

第二章 责任驱动工作，高度的责任心让工作更出色

> 工作"赢在责任心"，因为有责任心的人总是比缺乏责任心的人更自觉、主动、积极努力。他们自动自发地去为工作想办法，自觉自愿地承担更多的工作，不需要督促，不需要鞭策，而是自我驱动，把工作做到最好。因而他们的工作更出色，他们的人生也更成功。

1. 责任心就是内驱力，负责的人自觉主动 / 040
2. 责任唤醒使命，在其岗就要负其责 / 044
3. 责任激发潜能，挑战工作的"不可能" / 049
4. 责任引爆激情，干一行就会爱一行 / 053
5. 责任鞭策自己，勤奋努力不断学习 / 059
6. 责任承载忠诚，用责任捍卫自己的职业操守 / 065
7. 责任收获业绩，平凡的岗位也能做出不平凡的事业 / 072
8. 责任促进团结，责任心强的团队更出色 / 076

第三章 责任赢得成功，承担多大责任收获多大成功

> 责任就是机会，承担多大责任就能赢得多大成功。一个坚守职责、勇于担当，做任何事情都能尽职尽责、尽心尽力做到最好，把自己的责任完美地落实，任何时候都不推卸责任的人，会有更多的机会承担更大的责任，也会收获更多的成功。

1. 成功的人都是敢于负责的人 / 082
2. 强者正视责任，弱者逃避责任 / 085
3. 不负责任的人生，代价惊人 / 089
4. 责任等于机会，敢担责任才能担当大任 / 091
5. 责任赢得信任，赢得和谐人际关系 / 095
6. 在企业的成功中收获自己的成功 / 098

第四章 胜在执行，责任要落实关键在执行

> 有责任心就有了做好工作的前提和保障。但是，工作是需要去做的，仅仅有责任心远远不够，责任需要落实，因而执行力至关重要。有良好的执行力，才能真正把责任落实到位，让工作从此不同。

1. 只说不做，永远没有成功的可能 / 102
2. 责任心保证"做到"，执行力才能保证"做好" / 105
3. 执行重在到位，不到位等于没执行 / 107
4. 执行就是解决问题，不把问题留给别人 / 110
5. 执行不能拖延，拖延是执行的大敌 / 115
6. 执行需要勇气，不怕挫折克服一切困难 / 119
7. 走出执行误区，牢记使命不忘初心 / 123

第五章 抛弃借口，借口是执行最大的绊脚石

> 为什么很多时候计划很好，却难以落实？一个最大的原因就是有太多的借口绊住了执行的脚步。"这不能怪我""条件不成熟""任务太困难"……这些借口就是执行最大的绊脚石。要完全执行，就必须彻彻底底抛弃借口。

1. 卓越的执行力不需要借口 / 128
2. 令行禁止，执行从服从开始 / 130
3. 不找借口，只想办法 / 136
4. 把借口清零，让执行更高效 / 141
5. 消除执行障碍，别让"做不到"影响执行 / 145

第六章 执行需要方法，生搬硬套做不好事情

> 执行是需要方法的。只会盲目服从、机械听命、生搬硬套、僵化执行的人，很难有圆满的执行结果。要学会找方法、想办法，低头拉车的同时也抬头看路，学会变通，懂得机变，用最恰当的方法让执行高效起来。

1. 灵活机动，寻找最佳执行方法 / 152
2. 做好计划，周密执行更有效率 / 156

3. 事分缓急，先把重要的事情"搞定" / 160
4. 分解目标，一步一步认真执行 / 163
5. 高效沟通，沟通越充分执行力越强 / 168
6. 协同执行，让执行力 1 + 1 > 2 / 176

第七章 绝不放过细节，细节过硬执行结果才可靠

> "泰山不拒细壤，故能成其高；江海不择细流，故能就其深"，高效的执行绝不可以放过细节。细节决定成败，细节过硬，结果才靠得住。所以执行千万不要忽视细节，千万不可轻视小事。只有关注细节，把小事做细、做好、做精致，把细节做透，做实，做完美，执行才能达到预期的效果。

1. 成也细节，败也细节 / 180
2. 杜绝执行过程中的任何"差不多" / 185
3. 第一次就把事情做对、做好、做圆满 / 187
4. 越是简单的小事越要认真执行 / 190
5. 把每一个细节都执行到位 / 193
6. 检查执行细节，不放过任何问题 / 196

附 录：

1. 责任心测试题 / 199
2. 执行力的测试题 / 201

第一章
赢在责任心,没有责任心一切都是空

责任心是至高无上的职业精神,是做好一切事情的前提。每一份工作都是一份责任,没有责任心,任何工作都难以做好。要赢得职场成功,必须具有高度的责任心,勇于负责,敢于负责,任何时候都不推卸责任。

1. 责任心是员工的第一准则

所谓责任，就是一个人担任其角色时所必然承受的义务和必须担负的职责。也就是说，责任是每一个角色的天然义务，是天赋的职责，是与生俱来的使命。一个人的角色是什么，就有与之相适应的责任。比如一个刚出生的人，其责任就是吃饭、睡觉，是活下来；一个走进学校的学生，其责任就是好好学习知识和本领，为将来立足社会奠定基础；为人父母必然有抚养子女、教育子女的责任；为人子女必须担起赡养父母的职责；作为一个员工，就必然有坚守岗位、认真工作、为企业的兴旺奉献自己力量的责任；作为一名军人，就有服从上级命令、保家卫国的责任……每一个人因为所扮演的社会角色不同而承担不同的责任。责任是一个人天赋的使命和职责，不可推脱。从来没有不需要承担责任的角色，也从来没有不必承担责任的人。

人生来就意味着要承担责任，对社会的责任、对家庭的责任、对工作的责任、对自己的责任，所以责任的本质就是人与生俱来的使命。这种使命感将伴随人的一生，也正是这种不可推卸的使命感构建了人类社会永恒的生存法则。

责任是什么？责任关系到安危成败，关系到生死存亡……责任心是至高无上的职业精神，倘若没有了责任心，这世上的任何东西也都没有了保障。

作为社会的一分子，每一个人都扮演着不同的角色，每一个角色又承担着不同的责任，但无论是什么角色，总是和社会的其他人相互关联、彼此依存。如果人失去了责任，也就意味着失去了赖以生存的基础。正如爱默生说:"责任具有至高无上的价值,它是一种伟大的品格,在所有价值中它处于最高的位置。"

在平均海拔超过3000米的山丹马场,环境十分恶劣,冰雹雪灾是家常便饭,甚至还有频发的轻微地震。但是就在这个地方,山丹人培育出来的山丹马,曾经荣获全军科技成果一等奖、国家科技进步一等奖。

王永军就是中牧集团总公司山丹马场的一场之长,长年工作在这个给人带来磨砺和豪情的地方。由于条件恶劣,山丹马场的牧马人大多患有高血压、心脏病等高原病,很多人因此坚持不住离开了。"我们不能走!"王永军坚定地说,"责任是至高无上的职业精神,山丹马场就是生态保护的最前沿,牧马人看护的不仅仅是马匹,还有草场,而草场就是最自然的生态保护者。"

"如果我们撤退了,谁来保护山丹马,谁来保护草原?保护草原是我们的职责所在,因为我们的根就在草原!"牧马人是草原最后一道防线,是一道永不移动的护篱。如果人在、马在、草场在,西面的黄沙就不能大肆入侵。这是牧马人天生的使命与责任。"过去,我们养马是为了守卫边疆,现在养马是守护生态。时代变了,但责任未改,我们至高无上的职业精神未改。"

在王永军的带领下,无论怎样艰苦,大家都没有放弃。

承担责任既是一种崇高的职业道德,也是一种高尚的人格精神。所有成功的人,都是具有高度责任感的人。聪明、才智、学识和机缘等固然是促成一个人成功的因素,但如果缺乏了责任心,就没有人可以取得成功。

一个把承担责任当成第一准则的员工,当面临挑战和困难时,他会迸发出比以往强大数倍的能力和勇气。因为他知道,他的懦弱会让企业承受巨大的损失,只有勇敢地面对,才有可能真正担当起责任,减少损失。

美丽寂寥的可可西里安睡在宁静中。突然,枪声打破宁静,保护站的巡山队员被盗猎者残杀，鲜血染红戈壁，又一批藏羚羊惨遭屠戮……

一定要抓到盗猎者！巡山队长日泰下了死命令，巡山队连夜紧急出发，闯进了正在流血的可可西里。但是盗猎者如同鬼影般消失在稀薄的空气中，留下的只是成百上千具被剥去皮毛的藏羚羊尸骨！

巡山队员在遍布危险的茫茫大戈壁上奋力追踪，终于，盗猎者出现在冰河对岸，队员们不顾一切地冲入湍急的冰河之中。一场生死搏斗之后，只抓获了其中几个人。

风雪中，继续追赶盗猎分子的巡山队员已濒临绝境：车辆抛锚，汽油耗尽，食品短缺，大雪封山，巡山队员不断倒在冷枪之下……

这是影片《可可西里》所描述的情景。没有物质激励，没有丰厚回报，也没有奖惩措施，巡山队员们付出生命的代价，就是为了坚守自己的工作本分、自己岗位的责任。他们的责任是保护藏羚羊，是打击偷猎者，那么，不论多么艰难，不论付出多大代价，哪怕付出生命，都是值得的。因为他们知道，生命固然可贵，责任价值更高！唯有责任心是不能丢失的。

责任与责任心是不同的，责任是社会、企业或其他外部环境赋予人的天然使命，是角色对人的要求。而责任心是一个人对这种要求的认识、反应和态度。有责任心的人，对自己的角色责任有高度清晰的认识，并且会认认真真、倾尽一切担负起自己的责任；而缺乏责任心的人，对自己该担负什么样的责任都不了解，更别说负起责任；有一部分即便清楚自己的责任是什么，也没有一种把责任放在肩上、并且负起责任的想法，而是得过且过，漠不关心。所以，光知道责任是不行的，关键的关键，是要有责任心。

有强烈责任心的人，眼睛里盯着的是责任，心里想的是责任，所做的一切也都是为了尽职尽责。这样的人，不管做什么样的工作，都会取得令人瞩目的成绩。

责任心是一种强烈的使命感，是一个人对自己的所作所为负责，是对他人、集体、社会、国家乃至整个人类社会承担责任和履行义务的自觉态度。有责任心的人，任何时候都不会忘记自己的责任。他的一切言行，都会围绕责任而动。

对于员工来说，责任心是一种至高无上的职业精神，也是衡量个人发展和未来成就的重要标准。每个人的岗位不尽相同，责任也有大小之别，但要把工作做得尽善尽美、精益求精，离不开一个共同的因素，那就是责任心。有了责任心方能忠诚敬业，自觉把岗位职责、分内之事铭记于心，该做什么，怎样去做，都会提前做好计划；有了责任心方能尽职，一心扑在工作上，有没有人看到都一样，做到不因事大而难为、不因事小而不为、不因事多而忘为、不因事杂而错为；有了责任心方能进取，不因循守旧、墨守成规、原地踏步，而是勇于创新、与时俱进、奋力拼搏。责任心是一种发自内心的、敢于面对、勇于担当的勇气，也是一个人是否有所成就的关键。一个人能承担多大责任，就会取得多大成功。只有那些勇于承担责任的人，才有可能被赋予更多的使命，才有资格去获得更大的成功。如果一个人缺乏责任心，那他就在无形之中失去了很多东西：社会对自己的认可，别人对自己的信任，就连尊严和信誉——自己赖以生存的根本，也一同失去了。

所以，责任心是做好一切工作的根本，也应当是一个员工最根本的职业准则。清醒地认识到自己的责任，并勇于承担，才是一个富有职业精神的人应该做的。只有把责任心当成至高无上职业精神的人，才会在职场上获得成功。

米其林公司是法国的著名公司，罗耶毕业后进入这家公司的仓储部工作。当时他对自己的工作并不满意。但他不断告诫自己，务必培养这方面的兴趣，不管以后怎么样，要对得起自己的岗位，担负起自己的职责，不能让自己的工作出现半点纰漏，至少以后离开了，也不会给别人留下不好的印象。于是罗耶给自己制订了几个工作要点：

第一，每天都列表呈报物料的变动情况，并用红线标示接近储存量最低点的产品，提醒上司注意。

第二，单独列表呈报低于规定储存量的产品，以表示存货不足。

第三，存货过多的产品，也单独呈报。

第四，标示出几个月或长期没有进出口的滞销产品。

这样一来，罗耶就把工作中的漏洞堵上了，原来静态的仓库管理工作变成动态的了，而且很久都没有出现过任何问题。

不久，罗耶的上司注意到了这一点。经过调查，得知是刚进公司的小职员改变了原来的工作管理方法。上司对罗耶很满意，并且在不同的场合多次表扬罗耶的责任心和工作能力。罗耶深受鼓舞，以更加负责的态度投入工作，使原先最不起眼的仓储部成为公司节约成本最多、管理最规范的地方。罗耶也成了全公司认真负责的典范，很快得到晋升。他开始喜欢米其林的工作了，并且下定决心不再离开，而是专心为米其林工作。

罗耶深刻地感受到了责任心的重要性，于是当他晋升为公司的中层管理人员后，他把责任心作为了衡量员工优劣的一个重要标准，这使公司的工作局面焕然一新，员工的责任心被全面激发，工作效率得到全面提升。而罗耶更是青云直上，成为公司栋梁。

不管什么时候，都应该把责任放在第一位，都应该用奋斗来承担责任。不管你的能力有多强，不论你在做什么工作，责任心永远都应该是被放在第一位的。

有时候，也许你所在的岗位并不是自己心仪的，如果让你负责别的工作，你肯定会做得更好。其实，大多数新手在刚入职的时候是看不出太大的差距的。但是经过一段时间的工作以后，孰优孰劣就一目了然了。因为工作中的每一件小事都是一道考题，都是在为你以后的职业生涯的发展奠定基础，看似微不足道，却是至关重要。很多人觉得日常的工作人人都能做好没什么了不起，然而就是这些简单的工作，可以看出一个人到底负不负责，可能成为今后发展的分水岭。

　　林欣刚进公司的时候担任的职务是总经理助理，名头听起来挺响，工作却再琐碎不过。每天就是帮老板倒茶，整理文件之类的琐事。其中唯一一项看起来有点价值的工作，就是帮总经理报销他所有的票据。这个工作虽说相对重要，但看起来也没有什么技术含量，就是把票据贴好，到财务那里报销，就可以了。因为是总经理的账，所以财务的人一般都比较痛快地给办了。

　　但是林欣是个有心人，这一堆看似没有意义的数据，她也看出了一些门道。于是她建立了一个表格，将所有总经理报销的数据按照时间、数额、消费场所、联系人、电话等记录下来。而通过这样一份数据统计，她渐渐地发现了一些上级在商务活动中的规律。比如，哪一类的商务活动，经常在什么样的场合，费用预算大概是多少；总经理的公共关系常规和非常规的处理方式，等等。

　　当然，林欣在这种小事上都这么用心，在大事上更是从来不马虎。慢慢地，经理发现布置给林欣的任务，她都处理得很妥当，有时候一些没有告诉林欣的信息，她也能及时处理，经理对此极为诧异，就问林欣为什么，林欣把自己制作的表格拿给经理看，并告诉了他自己的工作方法和信息来源。

　　渐渐地，经理给林欣越来越多的交代和更加重要的工作，一种信任和默契就此产生。后来林欣被升为主管。在林欣升职的时候，经理说林欣是他用过的最好的助理。

　　今年，林欣的公司招了大批应届本科生和研究生，有几个还是"90后"，林欣因为手头事比较多，所以打算给自己也找一个新的助理。经过多次面试后，她亲自招回来了一个女孩，名牌大学本科毕业，聪明，性格活泼，林欣怎么看怎么喜欢。

> 赢在责任心
> 胜在执行力

林欣对新人从来都是手把手地教，从工作流程到待人接物，一样都不落。事实也证明林欣没有看错人，这个女孩子学得很快。很多工作一教就上手，一上手就熟练，对各位同事也比较尊重，大家相处得颇融洽。于是林欣开始慢慢地给她一些协调的工作，让她尝试着去处理各部门之间以及各分公司之间的业务联系和沟通。

不过干了一段时间以后，这个新助理过来找林欣，表达了自己对工作的一些看法，其中一个就是对报销的不满："我本科四年，功课优秀，没想到毕业后找到了工作，却每天处理的都是些琐碎的事情，一点成就感都没有，更是没有丝毫进步。就拿帮您报销的事来说吧，我每天都要帮您贴发票，然后报销，然后到财务去走流程，然后把现金拿回来给您，这一点技术含量都没有，对我的业务更是没有丝毫帮助。我觉得以我的能力，做这些简直是浪费我的时间。"

林欣笑着问她："你帮我贴发票报销有半年了吧？通过这件事儿，你总结出了什么信息？"

她听了林欣的问题，呆了半天，终于开口："贴发票就是贴发票，只要财务上不出错，不就行了吗，那还能有什么信息？"

于是林欣就给她讲了自己当助理的时候是怎么做的，讲完以后林欣不再开口，只是看着这小助理，她也愣愣地看着林欣。林欣跟她直言："我觉得你最大的问题，是你没有用心。在看似简单不动脑子就能完成的工作中，其实也是有很多功课要做的，可是你并没有把你的心沉进去，所以，半年了，你才会觉得自己没有丝毫进步。"

助理听完林欣的话，半天没作声，然后就离开了林欣的办公室，不过这次谈话以后，林欣发现她在工作态度方面确实有了很大改善，不再因为事情太琐碎而抱怨，而且也开始有意地总结一些东西。林欣于是多给她安排一些机会，小助理也开始慢慢成长，最后，林欣将她推荐到了一个更好的职位。

每位领导都喜欢有责任心的下属，当你具备了被人信任的基础，并且在日常的工作中逐渐表现出你的责任心的时候，越来越多的工作机会就会出现在你面前。每一个成功的企业都非常强调责任的力量。作为知名企业，华为公司的文化核心价值观念之一就是："认真负责和管理有效的员工是我们公司最大的财富。"在国际商业机器公司（简称IBM），他们的每一个员工所履行的价值观是："在人际交往中永远保持诚信的品德，永远具有强烈的责任意识。"在微软，"责任"两个字始终是他们工作的核心内容，它不仅是一种品德，更是一种能力，是其他所有能力的前提和核心。没有责任意识，谈别的任何内容，都只能是空谈。所以，在这些企业中，不管你的能力有多么强，都必须在尽心尽力的工作中体现出来。不懂得如何用责任心驱动而自发工作的员工，即使工作一辈子也很难会有出色的成绩。

意识到自己的责任是员工走向优秀的第一步。有责任心的人一定会努力、认真工作；有责任心的人一定会工作细致，听从安排，乐于协作；有责任心的人做每一件事都会坚持到底，不会中途放弃，说到做到，有个交代；有责任心的人一定会按时、按质、按量完成任务，解决问题，主动处理好分内与分外的相关工作，在有人监督与无人监督时都能主动承担责任而不推卸责任。如果具备了尽职尽责的精神，那么就会产生改变一切的力量，让工作变得不同，人生也因此不同。

把责任心当成自己在职场的第一准则，要想赢得职场的成功，责任心是首要的因素！科尔顿说："人生中只有一种追求，一种至高无上的追求——就是对责任的追求。"

梁启超也说："凡属我应该做的事，而且力量能够做得到的，我对于这件事便有了责任。凡属于我自己打主意要做的一件事，便是现在的自己和将来的自己立了一种契约，便是自己对于自己加一层责任。"作为一名员工，这也应当是我们工作的第一准则，是我们应具备的工作态度。

2. 责任心胜于能力，不负责任能力再强也没用

我们都知道，职场是靠能力说话的，"能力第一"似乎是职场永恒的铁律。不管是安排工作、委以重任还是晋升加薪，能力都是至为重要的指标之一。也就是说，在职场，有能力才有一切，没有能力就会一无所得。

这似乎是个再浅显不过的道理，但是在实际工作中，我们却可以看到有很多人，能力很强，能说会道，能写会画，工作得心应手，凡事只要他出马，就没有搞不定的。然而这样的人却总是难以得到重用，也没能做出什么成绩来。这是为什么？难道"能力第一"的铁律出了什么问题吗？

如果深入考察，就会发现端倪：他们都有一个共同点——责任心不足。对于工作，他们有足够的能力做完做好做得圆满漂亮，但缺失的责任心却让他们做得漫不经心，马马虎虎，最终呈现出来的结果与他们的能力完全不相符，远不如一些能力稍差却把责任放在第一位的员工。那么自然而然，受到重用的不可能是责任心不足的人。

学习土木工程的王伟在一家建筑公司实习，与他同期进来的还有几个名牌大学的学生。为了让他们尽快熟悉工作流程和注意事项，公司派他们到工地上做工程质量监督。要知道，七月正是热的时候，坐着不动都会汗流浃背，更别说还要在工地上走来走去了。几个大学生觉得来工地只是走个过场就行，所以每天都躲在阴凉地，不是抽烟，就是打牌。

不过王伟从来没有这样做，他把实习当成了正式的工作。自从来到工地，他就和工人们一起干活，按照公司的要求认真监督工程质量，凡是有一点儿做得不好的，他都会认真指出来，并要

求返工，一点儿都不马虎。干活的同时，他还向工人们请教各项知识，特别是有可能出现质量问题的步骤和程序，他听得更加仔细，并且记录下来，认真研究明白。下一次当工人们的操作程序不合规范或是有可能会发生质量问题时，他就会提前要求工人们按照正确的方法和程序来做。若是做得不好，他同样铁面无私，要求返工，直到达到要求为止。

刚开始的时候，工人们很不满。有些工人还忍不住挖苦他："你不就是来实习吗？过几天就走了，管这么严对你又没啥好处！"同时实习的大学生也劝他不用那么认真。王伟却说："公司信任我，让我来监督质量我就不能不负责任。要是工程质量出了问题，我心里会不安的。"于是，王伟每天还是照样该说的说，该返工的返工，一点不留情。

实习期结束，其他大学生都走了，总经理唯独留下了王伟，直接问他是否愿意到公司来上班，担任质监部的副主任。王伟惊呆了，他有些不解地问总经理：为什么没有留下那几位名牌大学的高才生，而留下了自己一个二本学校的普通学生？总经理意味深长地说了句："有能力不负责，等于没能力。"

与二本学校的王伟相比，名牌大学的高才生无疑能力更强一些。但企业最终选择的并不是他们。究其原因，就是他们的责任心太差了。

对于很多领导来说，员工的能力很重要，但更重要的是工作的态度，是勇于负责的精神。因为能力不足，可以在工作中不断提升、不断进步，而责任心缺失，能力再强也不敢重用，其带来的后果远比能力不足带来的后果严重。再说，即便员工能力不够，也可以安排一个与能力相匹配的岗位给他。但能力很强却没有责任心，这样的人安排到任何岗位——哪怕是最普通最不重要的岗位上，他们也很有可能会出差错，怎么可能放心？

一个有责任心的人，工作时如果遇到无法解决的问题，会把完成工作目标、克服自身能力的不足当做一股强大的动力，促使自己去学习、去提高，从而提升自身的能力，完成工作。而一个有能力但缺乏责任感的人，

赢在责任心
胜在执行力

在工作中精神不振作，精力不集中，不明确自己承担的责任，不理解自己肩负的使命，即使学识再广、素质再高，也不堪大用。所以，责任心比能力更重要。

西安城里有名的米商吴老板家以月银三十两重金招聘一位有才有能的大掌柜。三十两月银实在诱人，广告一出，应者如云。就连邻县的几个有名的掌柜也赶来了。经过几轮的初选、复选，三十多位报名者中只剩下三位学识渊博、经验丰富的掌柜。店里只要一个掌柜，吴老板决定请最后剩下来的这三个掌柜喝酒，一是感谢他们的支持，二是从这三个人中物色一个最佳人选。

中午时分，几位应聘者准时来到了指定的饭店里，不过令人奇怪的是，原来吴老板请的只是三位掌柜的，落座的却有四个人。这第四个人面相沉着，衣着朴素却干净。

菜很快就上齐了，满桌子的山珍海味，让人垂涎欲滴。大家等了一会儿，吴老板却一直没露面，又等了好一会，大家有些不耐烦了，反倒是面生的那人很稳当地坐着。这时吴老板家的二掌柜出现了，告知吴老板有事临时外出了，请几位随意用餐。"大家随便点儿，酒喝好，饭吃饱，以后我和大家可能就在一个柜台上共事了。不要客气。"二掌柜说着举起了酒杯。

于是气氛活跃了起来，大家纷纷拿起筷子各取所好，放任自由，毫无顾忌，各吃各的……二掌柜也不停地劝酒，几位应聘者不知是为了拉近与二掌柜的关系，还是酒菜真的很好吃，每个人都放开了吃喝，还纷纷给二掌柜敬酒，没过多久都有些醉意了。只有面生的那人始终保持清醒，且很少喝酒，反倒劝大家少喝一点，等吴老板来了，谈正事最重要。此时，吴老板正在饭厅外暗暗观察，觉得面生的那人，行事很不一般，向身边的伙计一打听，才知道那人是其中一位应聘者的朋友，叫陈信，刚辞了职，是陪着这位掌柜来加试的。

几位应聘者酒足饭饱后，就开始炫耀自己曾经的成绩，只有陈信在一旁听着，偶尔和大家一起笑一下，而且一会儿帮着给大家添茶续水，一会儿到店门外观望。傍晚时分，吴老板终于"回来"了。不过只是说了一大堆的客套话，对自己没有陪各位进餐表示歉意，对应聘的事情一个字也并没提。

没想到第二天一大早，陈信就接到了吴老板的亲笔信，陈信被录用了。另外三位掌柜不服气，吴老板说："昨天请你们吃饭就是试题。陈信虽然不是来应聘的，但只有他谨记着应聘的事情，不时提醒你们，还保证自己不喝醉，时时关注我是否到了。这是一种负责的表现，我要的就是能负责任的人！"

几位掌柜都面面相觑，无言以对。

事实证明，吴老板的选择是正确的。陈信上任后，尽心尽力，兢兢业业，把米店经营得红红火火，成了吴老板生意场上的左膀右臂。

责任胜于能力，一个员工能力再强，如果他不愿付出，就不能为企业创造价值，那他的能力又有何用？而一个愿意为公司全身心付出的员工，即使能力略差一点，也能够创造出很大的价值。因为能力可以培养，而没有责任心却难以改变。因此对于员工来说，责任心是第一位的。没有责任心，能力再强不堪重任，也难成大器。相反，一个有责任心的人，即便是能力不强，在责任心的驱使下能力也会越变越强。所以职场重能力，但更重责任心。

新华社曾刊发过这样一条新闻——《有责任感的毕业生求职最受欢迎》。大致内容是，山东人才网根据对200家用人单位的人事主管调查，结果显示，他们在挑选大学毕业生的时候，看重的因素依次是：责任心、团队协作精神、进取心、灵活适应能力、表达能力、独立性、自信心、承受压力能力、待人接物能力和在专业领域的独特才能。

从这则消息中，我们不难看出，在当今时代，虽然市场竞争激烈，价值取向也日益多元化，但是，人们对责任感的呼唤始终不变。当然，它也准确无误地向世人宣告，目前用人单位最稀缺的不是高文凭、高学历或者高能力，而是高度的责任心。如果一个人没有责任心，他即使有再大的能耐也很难做出好的成绩来。

责任心是我们做好工作、成就事业的前提，是确保将责任执行到底并达到理想结果的强大精神力量。只有对企业高度负责、对工作高度负责、对执行结果高度负责，才会兢兢业业、精益求精地做工作，才会竭尽全力解决工作难题，把工作做到零缺陷，成为企业发展所需要的人才。一个人的责任心是一种担当，一种境界，它能激发个人无限的潜能，做到完美执行，实现零缺陷的工作目标。

在这个世界上，有才华的人很多，但是既有才华又有责任心的人却不多。而这种人，才是社会最需要的。赢在责任心，并不是说不需要能力，而是责任心比能力更重要。真正在职场上有所成就的人，并不是能力最强的人，而是既有能力又有超强责任心的人。

3. 责任心缺失，执行力就会缺位

责任心不仅是能力的承载，也是执行力的保障。没有责任心，哪来的执行力？责任不到位，执行岂能到位！所以，要完美执行，责任心既是前提，更是保证。执行的本质，实际上就是实实在在履行自己的责任，按质按量按时完成自己的工作。可见没有责任心，根本谈不上执行。有责任心，就不会有借口；有责任心，就不能讲借口；有责任心，就会抛开所有的借口，执行力就有了坚实的基座。所以，要加强执行力，势必要增强责任心，而增强了责任心，执行力自然就会得到提高。其实从工作中就能看出，执行力强的企业，责任感也很强；执行力强的员工，往往也是责任心很强的人。

戴尔（Michael Dell）对执行极为内行。他所运用的直接销售与接单生产方式，并非仅是跳过经销商的一种行销手法，而是企业策略的核心所在。这种超强执行力的前提，是戴尔为客户负责、为客户着想的责任意识。虽然当时康柏的员工数与规模超出戴尔很多，但戴尔多年前的市值就已超前，而这也正是戴尔于2001年取代康柏，成为全球最大个人计算机制造商的原因所在。

每天，我们眼中看到的是社会按部就班，人们有条不紊，秩序井然，一片祥和，就像日升日落这样自然。然而，这一切都是建立在每一个人都坚守了自己的责任之上的，是因为每一个人都尽职尽责地站好了自己的那一班岗。不能想象，如果缺失了责任，我们这个世界会是什么样？

2015年7月26日上午，湖北省荆州市安良百货公司手扶电梯发生事故，年青的向柳娟因踩到了松动的扶梯踏板，被卷入电梯内不幸遇难。

当天10时，向柳娟和儿子童童乘电梯到七楼。在快到时，向柳娟提前提举起穿着短衣短裤的童童。当电梯升到顶部时，向柳娟从站立的梯级向前踏上电梯的迎宾踏板。突然，向柳娟脚下的踏板松动发生翻转，向柳娟的双腿落入电梯内。可电梯仍在运转，向柳娟双手奋力向前托举递出孩子，电梯口的女工作人员将孩子接过，放到身后。两秒钟的手足无措之后，两名女工作人员上前拉住了向柳娟的双手。向柳娟也全力向前使劲，试图自救，但已经于事无补。在踏上松动踏板短短8秒之后，向柳娟已经不见了踪影。当日下午2点左右，向柳娟被救出，但已无生命迹象。

2015年7月27日晚荆州官方召开新闻发布会，据安监局负责人介绍，在事故发生5分钟前，商场工作人员发现电梯盖板有松动现象，但并未及时采取维修或停机等应急措施，导致当事人踏着的已松动翘起的盖板发生翻转，坠入上机房驱动站内防护挡板与梯级回转部分的间隙内遇难。

这是一起严重的安全生产责任事故。包括事故电梯盖板结构设计不合理；涉及事故的3块盖板尺寸与图纸不符；事发前检修人员忘记拧上电梯铺板螺丝；商家发现电梯问题后并未采取停梯检修等应急措施等。这起事故看似问题多多，层层环节都存在漏洞，很难找出谁的责任更多一些。但是仔细想想就会发现，其实造成这场悲剧的原因归根结底只有一个，那就是责任心的缺失。

责任没有到位，执行就会成空，安全事故就不可避免。如果当时发现电梯盖板松动的商场工作人员责任心再强一点，对工作、商场、顾客再负责一点，必然会立即关闭电梯，对顾客作出警示，并采取必要措施消除危险因素。

追根究底，是商场工作人员责任心的缺失，直接导致他们完全忘了要去采取措施关闭电梯、保证顾客的安全！责任心是什么？就是清楚明确地知道自己的责任，并自觉、认真地履行责任，把责任转化到行动中，去做、去干、去执行！

责任心缺失，执行力就会缺位。因为没有执行力，一切都是空谈。执行力从哪里来？执行力源于责任心，责任心决定执行力。没有责任心，就不会主动承担责任；没有责任心，就没有工作绩效；没有责任心，就没有改变自己的勇气；没有责任心，就没有执行力。

责任心是前提、是基础，责任心的强弱决定了执行力的高低。作为一种内在的精神、深邃的理念和重要的准则，责任心向来被奉为职业精神之源。企业只有注重责任心，强调结果导向，企业战略才能够开花结果，取得持续性的成功。员工只有恪守责任，提高责任心，才能百分之百地执行，工作才会完满无缺。

高效执行力不在于一个人工作经验的多寡，它依赖于一个人对计划或任务不折不扣地贯彻执行，而这种贯彻执行最终还得靠我们每个人的责任心。在执行中，对责任的尊重是至关重要的。责任是贯穿整个行动计划的关键，只有每个成员都担负起自己的责任并坚决贯彻执行，才能保证整体的良性运作。我们要提升执行力，最重要的一点就是要增强责任心，没有责任心，执行力根本无从谈起。一流的执行必有一流的责任心把关，只有每一个执行者都清楚地意识到自己的责任，并坚定不移、不遗余力地去执行，才能确保任务圆满完成。

责任心不是口号，而是实实在在的行动，是执行，是落实。那些只知道喊口号，光说不练的人，是不会去主动积极地完成工作的。哪怕是在有人监督的情况下也只会勉强做个样子，这种不良的态度只会让他们工作的效率日益退减，长久下去，无论交给他们什么工作，结果都会不尽如人意。

真正具有责任心、执行力强的人，并非要把责任心挂在嘴上，而是努力去做，在踏踏实实的工作中使执行力不断提升，工作当然也会成就斐然。

肯德基公司当初想要打进中国市场时，委派了一名代表来到中国北京考察中国市场。这位代表走上北京街头，看到人来人往的热闹景象，心中喜不自禁，好像已经看到了未来肯德基在中国发展的美好蓝图。大喜过望的他没有做其他深入的调查就飞了回去，赶紧汇报。可是当肯德基总裁听完他的鸿篇大论后，不仅没有听从他的建议立即进入中国，还将他停了职，并且又委派了另一名代表来北京考察市场行情。

这位代表是个真正的实干派，他到达北京后，也走上了街头，不过他不是简单地看一看人来人往，而是认真仔细地测算了北京主要交通路段在不同时段的人流量，并对各种年龄的人进行了一些访问，还对他们的口味做了一系列调查。此外，他还对肯德基日常所需原料的价格也做了全面调查，经汇总研究后，他认为肯德基进入中国市场是可行的。最后他将这堆数据与研究结果带回总部交给了总裁。

不久之后，那位代表就带着人才和资金再次来到北京，出任肯德基中国区总裁，并开始着手组建工作。肯德基快餐厅就这样走进了中国人的世界。

原先那位代表还在委屈不已：我尽职尽责，看到了北京未来市场的前景，为了抢占市场先机，马不停蹄地回来汇报，为什么被停职？那个人不过是和我做了同样的事情，得出同样的结论，却成为了中国区总裁，为什么？

总裁说：你的尽责只是你自己认为，你没有经过深入调研，下的结论只会流于表面，不过是纸上谈兵，一厢情愿的空想，我怎么可能草率决定是否推进？而第二位代表，他虽然得出的结论与你的一样，却做了大量的深入调研，这个结论有足够的数据支撑，我当然信他。而且一个如此严谨、执行力如此强的人，我派他去开拓新的市场，当然是最合适的。这就是为什么你被停职而他出任中国区总裁的原因。

执行力比的不是口才，也不是推理，而是在高度责任心支持下的实干。空喊口号不是负责任，踏踏实实去做才是。执行力，就是贯彻落实各项工作部署并实现既定目标的能力。责任心越强的人，他的执行动力也就越强，自然也就更容易在工作中表现出来。

对于员工来说，如果能够唤醒自己心中强烈的责任感，那么当面对事业道路上那些相较于生死抉择容易得多的事情时，自然也就更容易表现出较强的执行能力，成为企业最需要的人才。任何一名员工，之所以被安置在一个职位上，就是为了让他做好自己应该做的工作，解决工作中出现的问题。问题是工作中不可分割的一部分，有责任心的人会视问题为"敌人"，会奉行"问题到此为止"的原则，总是把工作当成是自己的责任，遇到问题就会无惧地迎上去，最终解决问题，把工作执行得最好。

责任心就是执行力的内驱力，只有一个人发自内心地想要将工作做好，他心中产生的内驱力才能够形成一股强大的力量，驱使他在工作中保持专注、努力、奋勇前进，让执行力迅速攀升。只要唤醒自己内心深处的责任心，它就会成为执行动力的源泉，不断给予你力量，让执行力不断提升。

有些员工不是执行力不强，而是面对责任的时候畏难和害怕，导致工作执行不到位。有的员工在应对一项艰巨的任务，或者在执行过程中碰到棘手的问题时，总是担心出现差错被追究职责而缩手缩脚，不是找借口将任务推掉，就是事事请教上司，让上司作决定，一旦出现差错，就竭力推卸职责。他们只做一些没有挑战性的、不会出错的工作，这些工作简单得几乎不可能犯错，这样他们才会心安，因为这会让他们觉得展示给老板以及同事的形象就是完美无缺的了。然而实际上，这样的工作是不会出错，但同时也埋没了他们的才能，让他们的执行力大大降低，让人误以为他们无能。没有一个老板敢把任务放心地交给这样的员工，没有一个同事愿意跟这样的员工合作。久而久之，他们自己给自己硬生生地贴上了"无能"的标签，最终一事无成，成为职场的弃儿。还有什么比这更可悲的事情呢？

要提高自己的执行力，就必须把责任心放在最前面。面对工作时，以负责为第一要义，从而倾尽全力，迎难而上，用心应对，认真分析问题，找出解决的方法，并坚定不移地去把工作做对做好做到位，执行力自然就会在工作中不断提升。

4. 没有责任心，细节就会出错

我们常常说，赢在责任心。为什么？就因为责任心对于工作实在太过重要，它影响工作的方方面面，任何哪怕微不足道的小细节，缺少了责任心，也会出现大纰漏。

世界著名的华裔建筑师贝聿铭，以高度负责的精神设计了香山饭店。他秉承一贯认真、细致的作风，多次到香山勘察地形，并攀登峰顶，俯览周围环境。还不辞劳苦地走访北京、南京、扬州、苏州、承德等地，考察当地的大建筑和园林，最后采取了不规则院落的布局方式进行施工，这样建成后的香山饭店可以与周围的水光山色、参天古树融为一体。然而，香山饭店建成后，贝聿铭却认为这是自己一生的作品中最大的败笔。

原来，最初在香山饭店的建筑设计中，贝聿铭对其中里里外外每条水流的流向、大小、弯曲程度都有精确的规划，对每块石头的重量、体积的选择以及什么样的石头叠放在何处最合适等都有详尽的安排，对其中不同类型鲜花的数量、摆放位置，随季节、天气变化需要调换成什么样的鲜花等都有明确的说明，可谓匠心独具。可问题就出在：当时负责施工的工人们在建筑施工的时候完全无视这些"细节"的要求，根本没有意识到正是这些"细节"方能体现出建筑大师的独到之处。他们随意"创新"，改变水流的线路和大小，搬运石头时不分轻重，在不经意中"调整"了石头的重量甚至形状，石头的摆放位置也是随随便便。如此，它被贝聿铭称为一生作品中的最大败笔也就不足为奇了。因此，香山饭店建筑的失败一定程度上是由于施工时执行者对细节的不负责。

细节是平凡的、零散的，又是具体的，如一句话、一个动作、一个微笑。细节很小，容易被人们忽视，但它的作用有时候却非常重要。有些细节会深深地印在我们的脑海中，留下终生难忘的印象；有些细节会改变事物的发展方向，使人们的命运发生转变。对个人来说，细节体现着素质；对部门来说，细节代表着形象；对事业来说，细节决定着成败。工作中，总有人觉得自己的工作微不足道，做好做坏都不会有什么影响，所以在工作中总是满不在乎，认为自己这一点与工作负不负责关系不大，不会对公司造成太大的影响，甚至，这一点疏忽老板根本就看不见。然而仔细想想，任何惊天动地的大事都是由一件件小事构成的。可能你认为你所做的只是无关紧要的工作，但是纵观全局呢？微小的错误有时候带来的会是可怕的后果。

所以工作中，任何细小的环节都要执行到位，对工作负责就必须对细节负责。不管你平时的工作表现有多优秀、多完美，细节出错很可能前功尽弃；不管你和客户平时的关系多融洽，如果在小事上稍不负责，就可能瞬间被客户拉进黑名单。故而千万不要忽视小事，因为几乎所有的大祸，都是缘于对小事的不负责。只有在工作中尽职尽责地做好每件小事，才能真正让执行有好的结果。否则，执行就是一句空话。

5. 丢了责任，也会丢了诚信

人之诚，信之本。人而无信，不知其可也。诚信是做人的美德，是做人的根本。一个人如果失去了诚信，不被他人信任，人人畏而远之，退避三舍，是绝无可能有所成就的。诚信更是社会的根基，是社会和谐的纽带。一个社会如果失去了诚信，尔虞我诈，就会人人自危，还如何和谐发展？

诚信是一个人的立身之本，一个企业的发展之基，一个社会的和谐之源。诚信更需要责任的维护，一个没有责任心的人，也不会恪守诚信。负责任的人、把责任心放在至高无上地位的人，绝不会把诚信置于身外，而是会全力维护，坚决信守。

曾经有这样一条新闻：广东省一个彩票投注站的老顾客吴先

生由于出差，委托投注站老板林海燕代购了700元的彩票，结果这些彩票却中了500万元的大奖。当时吴先生正在出差，700元的代购费也没有交，林海燕完全可以将这500万元的大奖据为己有。因为彩票的特点大家都知道：它不记名，不挂失，在谁手上谁就有权去领取，这点是受法律保护的。所以，林海燕就算拿了这500万元，从法律上来讲也是站得住脚的。但出乎大家意料的是，林海燕把唾手可得的500万巨奖给了吴先生：她毫不犹豫地给吴先生打了电话，通知他过来领奖，自己只收了700元的代购费。

此事一经报道，当即掀起轩然大波，全社会展开关于诚信的大讨论。有人说她傻，有人说她诚信，当然最后一致的看法是：林海燕恪守商业诚信，是值得表彰和提倡的。

有记者采访林海燕，林海燕说：虽然他并没有交买彩票的钱，但我们口头上已经说好是代买，帮顾客代买是我的责任，中奖了通知他领奖同样是我的责任。我只是尽到了代买彩票的职责。

是的，林海燕的行为，表面上来看，是诚实守信的诚信行为，但其根本却是责任心在驱动。如果没有责任心，林海燕怎么可能在中奖的第一时间就打电话给林先生？如果没有责任心，或许连代购都不会有——毕竟林先生又没有付代购费。但是林海燕不仅代为买了彩票，而且通知了林先生领奖。这一切都是因为她更加明确知道自己彩票店店主的责任，是她对顾客负责的最具体体现。看似是诚信，其实是责任心。

如果一个人缺乏责任心，是难以讲诚信的。即便真是他的责任，他也会千方百计找借口，甚至不惜撒谎、推责、混淆是非，也会把责任推得一干二净。这样的人，有何诚信可言？这样的人，不管到哪里都不会受到欢迎。

陈明和张新同在一家速递公司，是工作搭档。他们工作一直都很认真负责，老板对他们很满意。然而一件事改变了两个人的命运。一次，陈明和张新负责把一件大宗邮件送到码头。这个邮件很贵重，是一件古董，老板反复叮嘱他们要小心。到了码头，陈明把邮件递给张新的时候，张新没有接住，邮包掉了，古董碎了。

老板对他俩进行了严厉的批评。"老板，这不是我的错，是张新不小心弄掉的。"陈明趁张新不注意，偷偷来到老板办公室对老板说。老板平静地说："谢谢你，我知道了。"随后，老板又叫来张新，问："你告诉我，到底是怎么回事？"张新就把事情的原委告诉了老板，最后，张新说："这件事情是我们的失职，我愿意承担责任。"

陈明和张新一直等待处理的结果。这天，老板把陈明和张新叫到了办公室，对他俩说："其实，古董的主人已经看见了你俩在递接古董时的动作，他跟我说了他看见的事实。还有，我也看到了问题出现后你们两个人的反应。我决定，张新继续留下来工作，用你赚的钱来赔偿客户，陈明，你明天不用来上班了"。

一个人如果不讲诚信，即使有能力，早晚都会出事，只能自毁前途。诚信，是做人的基本准则。为推卸责任而故意歪曲事实，这样的人谁也不可能信任他。正如美国前总统林肯所说："最高明的骗子，可能在某个时刻欺骗所有的人，也可能在所有的时刻欺骗某些人，但不可能在所有时刻欺骗所有的人。"工作中，有些人在错误面前总是表现出怯懦与畏难的心理恐惧，不愿承认自己的错误而过多的辩解，找各种各样的借口，回避错误，逃避责任，却不曾想这样只会让自己丢了诚信，落下个不诚实不守信的话柄。

诚信的根源是责任，没有责任心，就不可能讲诚信。在实际工作中，更需要我们说真话，做实事，负责任，讲诚信。许多人把应承担的责任推给领导，认为自己只是机器上的一颗螺钉，并没有什么权力，所以也不用去承担什么责任，特别是出现问题的时候，不敢或不愿挺身而出承担相应的责任。但事实上，我们做每一份工作的态度和成效都有可能会得到密切关注，而这又可能会对自己整个职业生涯产生深远的影响。对于员工来说，从踏入职场开始，就拥有了一张隐形的职场信用卡。这张卡记录了职业人的职场形象、职业操守和职业业绩，从中也可以看出他是不是一个负责任、有担当的人。

勇于承担责任是人的一种品质，也是职场生存的基本条件。无论职位高低、能力大小，还是身在何种性质的企业，不管岗位职责管理幅度宽窄，都必须立足本职，独当一面，肩负起应有的责任，对得起那份薪水和良知。这是员工的诚信，也是员工的责任。

6. 失去责任，安全成空

对于安全而言，责任无疑更为重要。可以毫不夸张地说，责任心就是安全的保险绳，责任心就是安全的防波堤。负起责任才能保障安全，推卸责任等于放弃安全。在安全上，不能有半丝半毫的马虎和大意，一丁点儿的不负责，就会导致事故的降临，就会让安全瞬间成空！

2005年6月10日下午13点，黑龙江省宁安市沙兰河上游突发两百年一遇的强降雨。短短40分钟内，降雨量达150~200毫米。暴雨造成沙兰河水出槽，并引发强劲泥石流。当日约14时15分，洪水到达下游的沙兰镇。当时，沙兰镇中心小学共有351名从1年级到6年级的学生正在上课。众多孩子的生命被洪水吞噬。

自洪灾发生到6月20日搜寻工作结束，沙兰镇因洪灾死亡人数共117人，其中小学生105人。

事后有专家表示，天灾无法抗拒，人祸却可以避免。资料显示,沙兰镇地处低洼地区,学校又建在镇里的偏低处,河水猛涨出槽,校园势必首当其冲。可是当初修建学校的时候,竟然没有人注意到这一重大安全隐患。此外,洪灾导致的泥石流或许无法预知,但我们的气象监测不可能略过这次强降雨。如果有关部门的工作做得细致一点,损失就不会如此之大。在抗洪的紧要关头,位于河上游和胜村的村主任、村支书曾经给沙兰镇政府派出所打电话报警,却无人接听……

责任心是保护生命的前提。如果人人都拿出十分的责任心,这场灾难或许就会避免,至少不会造成 105 名小学生死亡的惨剧。而失去责任,安全就必然成为一句空话。

职务的本质是责任,岗位的本质也是责任。有职务和岗位就有责任和使命,多少事故、灾祸、悲剧的产生,都是因为责任人未能负起责任。

河南省洛阳东都商厦发生的火灾造成 309 人死亡、直接经济损失 275 万元的特大火灾事故,同样是因为责任心的丢失导致的。

东都商厦始建于 1988 年 12 月,1990 年 12 月 4 日开业,位于洛阳市老城区中州东路,6 层建筑,地上 4 层、地下 2 层,占地 3200 平方米,总建筑面积 17900 平方米,东北、西北、东南、西南角共有 4 部楼梯。东都商厦是洛阳市第一商业局下属全民所有制企业,现有职工 1082 人,固定资产 5200 万元。2000 年 11 月前,商厦地下一、二层经营家具,地上一层经营百货、家电等,二层经营床上用品、内衣、鞋帽等,三层经营服装,四层为东都商厦办公区和东都娱乐城。

2000 年 11 月,东都商厦与洛阳丹尼斯量贩有限公司(台资企业)合作成立洛阳丹尼斯量贩有限公司东都分店(以下简称东都分店,未经批准),期限 10 年,拟于 12 月 28 日开业。丹尼斯量贩有限公司投资 2000 万元人民币,以东都商厦地下一层和地上一层为经营场所,安排商厦 100 名下岗职工就业,雇用商厦 20 名管理人员，同时，每年给东都商厦缴纳管理费、人员工资和各种社会保障统筹金120万元。东都商厦二层、三层和地下二层在经营中可使用"丹尼斯量贩"的名称。

2000年12月24日20时许，为封闭两个小方孔，东都分店负责人王某某（台商）指使该店员工王某某和宋某、丁某某将一小型电焊机从东都商厦四层抬到地下一层大厅，并安排王某某（无焊工资质证）进行电焊作业，未作任何安全防护方面的交代。王某某施焊中也没有采取任何防护措施，电焊火花从方孔溅入地下二层可燃物上，引燃地下二层的绒布、海绵床垫、沙发和木制家具等可燃物品。王某某等人发现后，用室内消火栓的水枪从方孔向地下二层射水灭火，在不能扑灭的情况下，既未报警也没有通知楼上人员逃离现场，并订立攻守同盟。正在商厦办公的东都商厦总经理李某某以及为开业准备商品的东都分店员工见势迅速撤离，也未及时报警和通知四层娱乐城人员逃生。随后，火势迅速蔓延，产生的大量一氧化碳、二氧化碳、含氰化合物等有毒烟雾，顺着东北、西北角楼梯间向上蔓延（地下二层大厅东南角楼梯间的门关闭，西南、东北、西北角楼梯间为铁栅栏门，着火后，西南角的铁栅栏门进风，东北、西北角的铁栅栏门过烟不过人）。由于地下一层至三层东北、西北角楼梯与商场采用防火门、防火墙分隔，楼梯间形成烟囱效应，大量有毒高温烟雾通过楼梯间迅速扩散到四层娱乐城。着火后，东北角的楼梯被烟雾封堵，其余的3部楼梯被上锁的铁栅栏堵住，人员无法通行，仅有少数人员逃到靠外墙的窗户处获救，其余309人中毒窒息死亡，其中男135人，女174人。

21时35分、21时38分，洛阳市消防支队"119"和公安局"110"相继接到东都商厦发生火灾的报警，立即调集800余名消防官兵和公安民警、30余台消防车辆进行扑救。洛阳市委、市政府主要负责人立即赶赴火灾现场，组织指挥抢险和救护工作。22

时 50 分，火势得到有效控制；26 日零时 37 分，大火被完全扑灭。共有 106 人（包括商厦办公人员和正在三层装修的 60 多人）获救。此外，7 名在火灾中受伤的人员，经医治痊愈出院。

这起震惊全国的特大火灾事故原因查明，是由于东都分店违法筹建及施工，施焊人员违章作业，东都商厦长期存在重大火灾隐患拒不整改，消防通道被封，东都娱乐城无照经营、超员纳客，政府有关部门监督管理不力而导致的一起重大责任事故。

漠视责任，忽视责任，玩忽职守，缺乏责任感，不仅会给别人、给企业、给社会带来危害，给自己也会带来不可挽回的严重后果。如果这起事故的各方都负起了应负的责任，不违章，不隐瞒，及时救火，及时疏散，不堵塞消防通道，监督管理都能做到位，负起责，这样惨烈的事故也许就可以避免了。

安全在于责任，责任保证安全。没有责任，安全成空。可见安全责任有多么重，它承载着生命的重量，承载着幸福的底色，安全责任比泰山还重，比天还大。只有每个人都承担起自己应当承担的责任，才可以避免类似惨剧的发生，也才能让自己的职场工作安全、让自己的人身安全。否则，只能吞下不负责任的苦果。

燕山酒家位于长沙市八一西路，占地面积 600 平方米，建筑面积 4800 平方米，高 31.7 米（8 层），是集餐饮、办公、住宿、娱乐为一体，隶属省商业集团公司下属的食品总公司。该酒家一、二楼为东海渔村海鲜酒店，1993 年 10 月承包给瑞华公司经营，其中一楼北向为接待厅和快餐厅，南向为酒店制作间；二楼北向为大餐厅，南向为餐饮包房；三至七楼为客房、办公用房、服务员宿舍，有客房 75 间（185 个床位）；八楼为娱乐层。

1997 年 1 月某日半夜，酒店保安员雷某准备用酒精炉煮东西吃，酒精泼洒引起大火。消防支队 5 时 8 分接警后，开始扑救工作，大火于 6 时左右得到控制，7 时被完全扑灭。

这起火灾死亡40人（当场烧死8人，在送往医院途中抢救无效死亡32人），重伤27人，轻伤62人，烧毁建筑997平方米以及空调、卡拉OK机、冰柜等财物，造成了重大的经济损失。

事后调查发现：内部管理不严，火灾隐患多是最为主要的原因。该酒家及酒店对消防工作极不重视，开业以来，对职工既未进行过防火安全教育，也没有建立健全必要的消防工作制度，内部管理混乱，火灾隐患较多。员工缺乏基本的消防常识，消防观念淡薄，严重违反消防规定的行为（如夜间值班用酒精炉煮食、不关厨房液化气罐总阀门等）屡有发生。另外，其消防设施设置不合理，管理不善，使用不当。再加上主管单位不认真履行管理职责，放任自流，缺乏有效的监督。最终火灾发生时报警太迟，贻误了救火良机。

责任不可推脱，事后酒店的负责人都付出了代价。

责任心是安全的基石！安全责任能否落实，关键在于责任心。负起责任，安全就有了保障；丢失责任，安全也就成为一句空话。

据媒体报道，某市有一位双层巴士司机在行驶途中突发急病。在生命的最后时刻，他做了三件事：把车缓缓地停靠在路边，用最后一点力气提起手动车闸；接着打开车门，请乘客下车；最后，将发动机熄火。在确保了乘客和车辆的安全以后，他趴在方向盘上停止了呼吸，静静地"走了"……作为一位普通的司机，在平凡的岗位上，做出如此不平凡的举动，使人们既感动也心酸，更值得我们深思。

与此相反，2004年3月31日，四川省自贡市的一位公交汽车司机在汽车刹车失灵的关键时刻，不是想办法抢救乘客的生命，而是弃车逃命。结果公交车坠入河中，造成几十人死伤。"死于敌手的锋刀，不足悲苦；死于不知何来的暗器，却是悲苦。"但最为悲苦的是死于那些既无职业道德，又无责任心的人给无辜者制造的灾难。

这两个案例从正反两方面清楚地再现了责任对于安全的重要性。高度的责任心就是安全的保护神。所以，每一个员工都应当时时把安全放在心上，着力提高自己的安全意识和责任心，把安全责任当成自己的职业使命，任何时候把安全责任牢牢地守住。只要这样，才可能防范工作中的安全隐患，保证生产安全，产品安全，质量安全。

一个人无论职务大小、地位高低，不管从事什么工作，站在自己的岗位上，就应该负起自己的责任，做好安全工作，承担安全责任，尽心尽力地站好自己的那一班岗，保证企业的安全、同事的安全、自己的安全。将责任感根植于内心，让它成为我们脑海中一种强烈的意识，时刻把安全放在心上，把责任担在肩上，安全才会有保障。

7. 反省自己，自觉杜绝不负责任的行为

工作意味着责任，没有不需要负责的工作，也不存在没有责任的岗位。一份工作就是一份责任，任何一项工作从开始到结束，责任自始至终都伴随着整个过程，从工作的计划、到实施、再到经验总结，责任就像一个监督员一样伴随着我们，如果缺失了这样的监督员，那么工作注定做不好。无论在任何岗位，我们都要对自己的工作认真负责，不放过工作中出现的任何一个小细节，只有这样，任务和目标才会完成，而且完成的效果和质量才会更好。

但是，实际工作中却有很多员工并没有把责任当成自己的行为准则，工作起来自由散漫、马虎敷衍，导致工作质量低下，效率不高，错误不断。想要做一个负责任的员工，就必须经常反省自己在工作中的表现，看

看是否有不负责任的行为。

工作不负责、责任心缺失具体有哪些表现呢？下面总结了十条，每一个员工都应当时时对照着反省一下，即便自己责任心强，没有不负责任的表现，也应当多多反省，看看自己的工作有没有放松的地方，有则改之，无则加勉，这样，才能时时进步，不断提升，让责任心助我们赢得职场的成功。不负责任主要表现为：

（1）工作热情不高，态度冷淡，缺乏信心。有的人不管做什么工作，都好像没啥兴趣，可干可不干的态度，干不干得好似乎也并不关心。只是机械地在干，不认真不仔细，也不管结果如何。

（2）马虎敷衍，得过且过。不把责任二字放在心上，对待工作马马虎虎、敷衍了事，有做一天和尚撞一天钟的错误思想。有些职工则会对身边和周围的一些同事不满意，进而也产生了应付工作的心态。当工作中出现失误时，常常有一些推脱之词，诸如"这不是我的错""我不是故意的"，甚至还会有一些为了逃避责任而指责别人的人。

（3）工作质量低下，不断犯错。有的员工虽然到岗了，也在干，但干的质量却相当低，不是这出错就是那失误，而且一再重复犯低级错误，并且对这些错误不以为然，没有引起高度重视，以至于继续犯错。

（4）不愿协作，不懂配合。有的员工工作协作困难，上下配合、左右同事协调不到位、不主动，一涉及需要别人配合的事情，自己就感觉和别人沟通不了，甚至认为是别的人做得不好。遇事总是抱怨他人，从来不找自己的毛病。

（5）做事拖延，不上心。有的人工作态度马虎、拖拉、得过且过，上级、领导不追问就不做，时间一长，甚至连自己都忘了这件事要做。有时候是上级打电话给领导了，追问起来，才去做；工作效率低，尾巴长、留有后遗症，该一个星期做完的拖到一个月，该一个月完成的拖到一年，最后要自己负责完成的工作，结不了尾，收不了场。而且有些工作越拖越糟糕，自己却像没事人一样，不管不问。

（6）做事不专心。有的人工作精力不集中，分心、分神，凭兴趣做事。今天我心情好，什么都可以做，明天我要是在家或在外面没有好心情，就给别人脸色看，满脸都表现出"我今天不爽了，要发泄一下，别来自找麻烦"。把个人情绪带到工作中。

（7）工作无计划、无目标。有的人心里没工作，根本不知道要干什么，做事没目标也无计划，脚踏西瓜皮，滑到哪里算哪里，导致工作完不成，计划随时变，最终延误工作。

（8）爱"踢皮球"，逃避责任。遇到困难绕开走，能避则避，能推则推，踢过去踢过来，就是不认真去做，不负责任，不敢担当。

（9）不懂反省，只怨他人。工作中很少总结得失、成败，缺乏批评和自我批评，总是手拿电筒，只照别人、不照自己。

（10）不找方法，只找借口。有的人工作时不负责任，有问题不解决，等到追究责任时却借口一大堆，托辞满天飞，主观的、客观的、他人的、企业的，都是别人的原因，反正他都有理，都与他没关系，他没有任何责任。

这些行为可能在有些员工看来，根本不算什么，对工作不可能存在太大的影响。甚至有的人会想，这么多年我不都是这样干过来的么？但实际上，这样的行为影响极其恶劣。你的工作没有起色，你在职场没有成就，可能最大的原因就在这里。比如，很多人工作中喜欢"踢皮球"，即工作互相推诿，张三推李四，李四推王五，大家推诿的原因不是因为自己能力不足，而是害怕承担责任。做好了是好事，做不好是自己的错，多一事不如少一事，不做还没有风险。久而久之，风险是没有了，但对工作的热情也没有了，成就也就更不用提起了。所以有以上这些表现是相当危险的，对自己的岗位工作、职业生涯、个人和企业的发展，都有百害而无一利。我们常说，赢在责任心。责任心都没有，如何去赢？故要及时纠正自己的行为，自觉杜绝自己不负责任的行为，才能让自己越来越优秀，职场之路也会越来越顺畅。

事实上，当一个人下定决心要改变自己时，他首先需要改变的就是自己的思想和认识。他们最先需要考虑的是自己所肩负的责任，在责任的角度全面认识自己的工作。这样，才能真正把责任心贯穿到工作的时时刻刻。所以我们不妨每天下班时，回顾一下一天的工作，反省一下一天的行为：我今天是否发挥了自己的作用？我是否能帮助我的公司成长进步？我工作的结果是否会对公司、同事、客户产生有利影响？我是否说过"这不归我管""我很忙，没时间"或者"这不是我的职责所在""这件事我并没有参与"等逃避责任的话？是否有不负责任的行为？有了这样的回顾，就能拾起自己的责任感，即使平凡的工作也会变得有意义。

没有做不好的工作，只有不负责任的人。在工作中，任何问题都有解决的办法，但是如果人们不去努力，自然就不会取得进展。责任无处不在，只有把责任作为一种习惯，对工作负责到底，我们才会把事情做得更卓越、更出色。那么，如何培养自己的责任心？下面有几点是必须要做到的。

（1）要有强烈的使命感

使命感来自于一个人对自己所从事工作的兴趣，而兴趣会使人的"内在激励"变得更持久、更有效，其实责任与兴趣是相伴而生的，因此想要寻找工作的意义，培养对工作的兴趣是第一步，而让自己对所从事的工作负责是第二步。

将自己所从事的工作变成自己感兴趣的业务，不仅会激发一个人的创造力和想象力，还能让这个人因工作而获益。当你不再渴望吃上"免费的午餐"时，使命感就会油然而生。简单地说：工作是为薪水负责，兴趣是为生活负责。

（2）不要置身事外

很多人选择逃避的借口便是"这不是我的工作范围"或"我的老板没要求我这么做"。其实推卸责任、将自己置身事外并不难，但是这样做，升职和加薪也会将你置身事外。因此，只有抱着"公司的事就是我的事"的工作态度，凡事从大局出发，为公司的发展着想才是正路。

如果你是公司的一名货运管理员，当你发现发货的清单上出现错误而不及时更正，那么大祸酿成，你也绝脱不了干系。

（3）不要坐等他人来解决问题

很多人在工作遇到困难或出现问题之时都会有"等着瞧"的态度，而这种消极的坐视不理其实正是渎职的表现。而那些在职场上高升之人不仅没有一个旁观者，而且都是积极的参与者。

（4）主动地为团队解决问题

不论你在公司的职务是什么，不论你是哪个部门的员工，只要身在一个公司，就隶属于一个团队。只有从大局出发，为公司的整体利益考量的人才能算是一名出色的员工。

（5）不要自我设限，积极面对现实

身在职场中的你，应该时常观察一下你眼中的"幸运儿"，看看他们在以怎样的态度对待工作。事实上但凡事业有成之人，不论能力大小，都会以积极的心态看待问题，这些人不会在没有动手甚至没有动脑之前就对自己说"办不到"。如果消极地对待工作，在没有做之前就自我设限，你必将一事无成。一个人应该学会相信自己和自己的潜能，并学会承担责任。你承担的责任越重，你就越会受重视；你付出的努力越多，你收到的回报也将越多。在职场中，做事卓有成效、积极努力的人总能承担起重任，他们会主动解决问题，并得到他人的信赖和尊重。而那些每天碌碌无为的人虽然准时出现在办公室，工作也不一定有失误、但是工作业绩只会停滞不前。对老板而言，那种仅仅遵守纪律、循规蹈矩、缺乏热情和责任感的员工是可有可无的，而那些积极主动、自动自发地投入到工作中的员工则是不可或缺的，因而老板奖赏的也总是那些敢于担当、勇于负责的人。

当然，高度的责任心不是一次反思两次改正就能培养起来的。因为培养责任心不是一时一刻负责任，而是时时刻刻负责任。做事之前要想到后果；做事过程中尽量让事情向好的方向发展，防止坏的结果出现；出了问题敢于承担责任，事前、事中、事后，责任心贯穿工作的始终，只有时时刻刻都把责任放在心上，具有高度的责任心的人，才是勇于负责的员工，才能真正成为优秀的员工。

8. 培养负责的习惯，让责任心融入自己的DNA

责任是一种态度。对员工而言，责任就是一种工作态度，是实现自我价值的重要依据。任何人都希望实现自己的人生价值，那么就需要我们无论做什么事情都要投入百分之百的精力和热情，这既是对客户负责，更是对自己、对公司负责。

不管我们做什么样的工作，身处哪一个岗位，要做好工作，首要的一条，就是要培养自己的责任心，养成负责的好习惯。要有强烈的责任感，要有承担压力和风险的魄力，不断从工作中积累经验，提升自己的责任意识，不断让自己承担更多的责任，从而也收获更多的成功。因为责任与成功是相辅相成、同进同退的。越懂得责任的重要、越负责任的人，越受职场的欢迎，他赢得的机会也就会越多。

刘强在一家日用品公司做业务员，他为人诚恳，工作兢兢业业，业绩一直做得很好，收入也相当不错。

最后公司需要建立一个网站，建网站是个技术活儿，需要克服大量技术上的困难，相当棘手。更让人头疼的是，网站的栏目和内容设置又牵涉大量的商业问题，做的时候必须小心翼翼，不能行差踏错一步。老板深知其中的门道，故此忧心忡忡。

很多人看到老板一筹莫展的样子，都避得远远的。因为这事责任重大，万一做不好，或者做错了，谁都担当不起这个责任。老板也找过公司里懂得这方面技术的员工，但没人愿意担此重任。这本不是任何人分内的事，员工不愿意做，老板也无可奈何。

　　刘强感觉自己的业务做得很轻松，完全可以有时间来帮公司处理其他工作，于是自告奋勇地对老板说："让我来试试吧！"看到有员工主动站出来接这个烫手的山芋，老板心情不错，但也不免心生疑惑，他对刘强说："这个工作难度可是不小的，责任很大，你要做好心理准备。"刘强对老板一笑，说："这个我明白，我会尽自己最大的努力来做。"

　　其实他心里早有打算，自己在业务方面有经验，商业问题方面不成问题。至于最难做的技术活儿，完全可以找一些计算机方面的书籍，边学边做。

　　刘强确实是这样做的。接手之后，他一边学习计算机知识，一边整理商业销售资料，双管齐下，并不时向专家请教。他从来不把这个活当作是分外之事，而是尽自己最大的努力，用最强烈的责任心来做这件事。他废寝忘食，呕心沥血，让同事们看得瞠目结舌。

　　有同事看见他熬得双眼通红，就劝他："你这又何必呢，这工作根本就不关你的事，有这么多时间，你多休息一会不好吗？别再这么卖力了，这活儿出力不讨好。"刘强却说："没事，反正我还有足够时间来做我的业务工作，闲着也是闲着，为公司多做点事，公司效益好了，我们收入也会提高的，不是吗？"说完接着埋头工作。

　　网站终于做好了，虽然不是非常令人满意，但是老板对他还是大加赞扬，并提升他做了公司的业务部门主管。老板说："刘强把公司的事当成自己的事，敢于担当更多的责任，如果不用这样的人才来管理公司，那公司还会有什么前途？我相信任何一个

> 赢在责任心
> 胜在执行力

公司都需要这样有责任心的人来管理,因为只有这样,公司才能发展地更好。"

担当更多的责任,让刘强获得了更大的成功。

责任向来都是与机会携手而行的,越负责任机会越多,机会越多成功的几率也就越大,这是一个成正比的关系。担负多大责任,就会收获多大成功。责任决定了我们的成就。

所谓赢在责任心,赢的不是责任心这三个字,而是把责任心贯穿到工作中去,真正负起自己的责任,同时自己也会因负责而更加努力、因负责而抓住人生机会、因负责而赢得人生辉煌。那些在职场上风生水起、赢得无数成功的赢家们,哪一个不是认真负责的典范?

李·艾科卡曾经是福特汽车公司的总裁,因为功高盖主,被公司董事长小福特视为眼中钉。小福特害怕这样一个人物会威胁到自己的家族事业,于是安排其去做一名普通员工,以打消其工作的积极性。

在混乱的库房内工作,让艾科卡跌入了人生的最低谷。他问自己:"我还能做什么?我还有明天吗?"他当然有明天,他的明天就是辞职离开。

恰好在这个时候,克莱斯勒汽车公司找上门来,希望他能出任公司总裁。艾科卡答应了。这是一个什么样的公司啊,濒临倒闭,而且还背负着巨大的债务。进入公司之后,艾科卡才发现这家公司的困难比自己想象中要大得多。但他知道,自己既然选择了这家公司,就必须要为其负责,就必须要将其经营到最好。"担当责任,背水一战",是他当时的想法。

这个责任不可谓不大,大到甚至让他有些心惊胆战。经过了解和调查,他发现公司的主要问题出在管理层方面,公司没有一个可以认真担当责任的管理者。他要给公司来一次大的"换血",即平均每个月解雇一位管理者。他先后解雇了33位总监级别的人物，清除了一大批无所事事的员工，同时招聘了大量有经验和进取心的员工。这一举动让他得罪了很多人，却也为公司带来了新的力量。

此后，他大刀阔斧地带着新进的人才对公司进行了改革。他把自己的一切心思全都扑在了公司上，经常不眠不休地加班工作。有时候在梦里，他还在思考着公司的经营策略。很多人看到他那样花样百出的经营策略，都惊讶于他的聪明，但事实上，他为这些策略付出了很多个夜晚。

他甚至带领着公司的管理层，每个月每人只拿一美元的薪水，还要拼命工作。他对下属们说："我不入地狱，谁入地狱？"他相信每个员工对公司的责任心都不是因为金钱，而是因为这个公司值得大家付出。

两年以后，克莱斯勒公司终于实现了盈利。到了第五年，公司的股份急剧上涨，2600万增发股票被迅速抢购一空，总共融资4.3亿美元。这在美国股市上是史无前例的。艾科卡担负了更大的责任，也赢得了更大的成功。

我们可以想一想，倘若艾科卡知道了克莱斯勒公司面临的困难而选择退出，不愿意去承担这么重大的责任的话，他一定不会取得这么大的成功。他很有可能会一事无成，再也无法从人生的低谷中爬起来。但是高度的责任心拯救了他，让他找回了成功。

没有做不好的工作，只有不负责任的人。工作没做好，不是工作太难，而是自己付出的不够多，责任没有到位。只有将责任落实到位，才能获得完美业绩，成就个人与企业的双赢。要做到这一点，就要全力提升自己的责任心，培养负责的习惯，任何时候把责任牢记在心，把责任刻进自己的心里，融入自己的DNA，让责任成为自然而然的习惯。

要做到这一点，一是要求我们重视工作中的细节，把责任渗透进工作的每一个细节之中。某些看似微小的东西，往往决定着最终成败。负责就不能忽视小事，就不能丢掉细节，培养负责的习惯，必须从小事做起，从一点一滴培养。所以在日常工作中，越是细微处越要必须清楚身上肩负的责任，并让这种责任扎根心底，时刻牢记，养成负责的习惯。

二是要有敢于担当的态度。因为肩上有责任，才会放不下，因为放不下，才会勇敢担当。有时候负责任并不是一件简单的事情，而是有千难万险，有无数辛苦，更有不可预知的后果。没有敢于担当的态度，是不可能负起责任来的。如果在该担责任、该大胆工作、努力奋进的时候选择退缩，选择逃避，那么对于工作的完成，是相当有害的，也不可能帮助我们养成负责的习惯，反倒助长了我们不负责任的心态。因而要培养负责的习惯，逃避是不行的，必须勇敢面对，敢于担当，不管多么艰难的事情，也要大胆地迎难而上，解决问题，完成任务。要有"当仁不让、在所不辞"的决心，要有"出了事情我负责"的勇气，更要有"保证不出任何问题"的担当，让负责这样的习惯融入血液里，变成习惯。

习惯成自然，当责任成为一种习惯时，责任也就成为了自己的一部分，那么，任何时候责任都会与你同行。

当然，责任变为习惯并不是一蹴而就的，需要在工作中慢慢去培养和建立，逐渐成为一种常态。因此在工作中要爱惜自己的岗位，兢兢业业、尽职尽责，让责任成为一种习惯。列夫·托尔斯泰说："一个人若是没有热情，他将一事无成，而热情的基点正是责任心。"因为心存责任，我们才会在工作中勤勤恳恳、兢兢业业；因为心存责任，我们才会在困难面前无所畏惧、勇往直前。

责任是颗渺小的种子，但是一旦把它播种在心中，它就会随着时间的推移，生根、发芽。要不了多久，它会成为小树苗，最后成为参天大树。经过努力，它会开花，点缀你的人生，最后结果。这就是对你尽责任的回报。

第二章
责任驱动工作，高度的责任心让工作更出色

　　工作"赢在责任心"，因为有责任心的人总是比缺乏责任心的人更自觉、主动、积极努力。他们自动自发地去为工作想办法，自觉自愿地承担更多的工作，不需要督促，不需要鞭策，而是自我驱动，把工作做到最好。因而他们的工作更出色，他们的人生也更成功。

赢在责任心
胜在执行力

⏰ 1. 责任心就是内驱力，负责的人自觉主动

我们说责任胜于能力，赢在责任心，并不仅仅因为责任对工作的完成至关重要，还因为责任是一种动力，它能驱动我们自觉主动地努力向前，驱动我们自动自发地投入其中，从而把工作做得更加出色。从很多成功人士的身上，我们可以很清楚地看到责任心对他们奋进努力、主动进取并最终取得成功的驱动作用。

曾任阿里巴巴集团首席执行官（CEO）的卫哲，其个人经历堪称一部传奇。23岁成为证券业大佬管金生的小秘书，3年成为证券公司副总经理；29岁成为普华永道史上最年轻的合伙人；32岁任世界500强百安居总裁；36岁被马云挖到阿里，担任CEO！其中的秘诀，无非两个字：主动！

1970年卫哲出生在上海，高中毕业后在上海外国语大学念书，学的是翻译。受当时电影《华尔街》影响，对投行特别感兴趣。那时，沪深股市刚成立不到两年，很多地方都需要借鉴国外的资料，急缺翻译人才。当时卫哲想去万国证券工作，因为"中国证券之父"管金生在那。于是只要有翻译实习机会，卫哲就踊跃报名，不管是哪家公司，他都上，一是锻炼自己，二是为去万国证券打下基础。终于有一天，卫哲争取到万国证券的实习机会，干了不到两个月，就因为做事太完美，被"中国证券教父"管金生点名要去当秘书。

比如说：剪报纸。这令无数人不屑一顾的小事，卫哲却把它干出了差异化。别人剪下来就完事，卫哲却暗中观察哪一类是老

板看过的，然后重点剪裁。到后来，管金生不看他的剪报就吃不下饭。连领导多长时间喝一杯水，什么时候该加水，什么时候换茶叶，类似这样的琐事，卫哲都清清楚楚，拿捏得十分到位。时间久了，管金生对他十分信任，放开手脚，让他替自己写报告和演讲稿。卫哲一开始写得不好，经常被要求返工，还领教过稿子被扔出来的尴尬。但他不气馁，拿回来一遍又一遍地修改，并发誓不让领导为同一件事情骂自己两次。

超强的学习能力、高度负责的态度、勤奋主动的工作精神以及把任何一件小事都当大事来做的思维，让卫哲一路高升，很快就被提拔为资产管理总部副总经理，成为当时国内证券界最年轻的副总。

普华永道，世界上顶级的四大会计师事务所之一，卫哲的第二份工作瞄准了那里。

去面试的时候，面试官很苦恼：这是个人才，年纪轻轻就成了副总，配秘书，有司机，管着十几人的团队。可在财务方面又是新手，高不成低不就。眼看着面试官犯难，卫哲主动说：让我做业务专员吧，最低的职位，财务顾问都行。机会就这样来了。

副总变业务专员，他要跟着主管进基层，跑项目走市场，日晒雨淋，说实话真辛苦。但卫哲不觉得辛苦和委屈，反而特别开心，因为在普华永道的每一天，都能跟着30个老师学习，补自己的专业短板。他在这里特别拼，从来不分分内还是分外，见工作就抢着干，不放过任何一个学习的机会，业务能力也迅速提升。他惊人的进步让企业高层惊叹。卫哲一年内破格晋升两次，从基层业务员升为融资部经理。不久又成为普华永道史上最年轻的合伙人之一。

2000年，卫哲加盟百安居，成为中国区财务总监。他每年都给老板提要求：给我加点任务吧，我还可以干更多！主动请缨，事越揽越多，最多的时候，1个人干7个人的活，分管9个部门，

> 赢在责任心
> 胜在执行力

以至到 2003 年，百安居 CEO 跳槽，除了他，就再也找不到合适的人了，于是他成了百安居的 CEO。这一年，卫哲 32 岁。他带着百安居快速狂奔，稳健发展。4 年时间内，直营门店从 2 年前的 5 家，开到 46 家，员工从几百人增加到 13000 人，百安居的营业额从 4 年前的 3 亿元提升至 50 亿元。甚至收购了全球主要竞争企业欧倍德中国区业务，将其 13 家门店纳入囊中。

2003 年在一次会议上马云认识了卫哲，马云说："和卫哲的相识，改变了我对职业经理人的看法。尽管卫哲非常年轻，但是我发现他敢于作出重大决定并承担责任。"马云明确表示想请卫哲到阿里做 CEO，卫哲立马拒绝了。之后的 3 年，马云一直在表达同样的意思。

2006 年，卫哲终于决心加盟阿里巴巴，出任 CEO，这一年，他 36 岁。此后的四年时间他把阿里的营业收入从 2006 年的 13.6 亿元增长到 2010 年的 55 亿元，利润则从 2.2 亿元增长到 14.7 亿元，分别增长了 3 倍和 6.5 倍。卫哲一度成为新时代精英的代名词。

有人问卫哲，为什么你每次都能让企业大步前进呢？卫哲回答说："因为带领企业发展就是我的责任！"

是的，是责任！既然成为企业的领头人，那就有责任带领企业一直向前。责任心驱动着卫哲拼尽一切、全力以赴，想尽办法让企业取得好业绩！这是对企业有责任心，同时也是对他自己有责任心！没有这一份责任心的驱动，年轻的卫哲也不可能取得传奇般的成绩。

责任心就是内驱力，每一个责任心强的人都会像卫哲一样，主动要求"给我加任务吧"，因为他们知道，任务越多，自己的收获也会越多。

职场中有一些人只有被人从后面催促，才会去做他应该做的事。这种人大半辈子都在辛苦地工作，却得不到提拔和晋升。美国有一句谚语说："通往失败的路上，处处都是错失的机会，坐待幸运从前门进来的人，往往忽略了从后门进入的机会。"只有对工作勇于负责，每天自动自发、自觉自愿地将工作干好，每天都使自己有所创新、有所进步的人，才能够成为一个卓越的职员。

> 小刘刚进公司时，只是分公司的普通职员。平时的工作只是收发、转送领导文件。当公司出现一些无人料理的事情时，别的同事都为能少做就少做而推来推去，而小刘就像一颗螺丝钉一样赶快补上，不多久一项工作就漂亮地完成了。从此"小刘，你见一下那个客户""小刘，你去做那件事情"的指派越来越多。
>
> 小刘从未觉得自己是个被人支来支去的"小跑堂"。虽然杂事很多，但是得到锻炼的机会更多，比如叫他去接触传媒，联系公司的广告业务，参与广告文案的写作，选择适合的传播渠道等，都是给了他一个充电和学习的机会。
>
> 之后部门经理也开始随意指挥小刘做事了。比如公司的一些重要客户，一些谈判的场合，部门经理都会带上小刘一起去。于是小刘更忙了，每天工作时间都远远超过八小时。很多员工都不理解小刘，觉得他这样干有什么意义？但是不久之后，就只剩下羡慕了，因为小刘被任命为另一个部门的经理。

对自己负责，就会为自己谋划深远，就会时时为自己的未来努力。那么这种责任心就会成为一种巨大的内驱力，推动自己积极主动地去找事做，而不是等事做。这往往也是优秀员工和普通员工的区别之一。普通的员工缺少这样的内驱力，总是认为只要准时上下班、不迟到、不早退就是尽职尽责了，就可以心安理得地去领工资了。分外的工作，并不是我应该做的，于是对分外的工作就表现淡然。老板安排了，就做一点，没安排，那就算了。其实在员工眼里，分内和分外的工作好像很有差别，上班干活是分内工作，下班以后的事情是分外工作。上班时的分内工作应该干好，下班后的分外工作可干可不干，如果要干，便是可以干好，也可以马马虎虎交付工作任务。但在老板看来，工作从来没这种差别。分外的工作也是工作，主动积极去做的人，当然会更得领导的好评。

而以"这不是我分内的工作"为借口拒绝一切分外工作,只会让领导或同事感觉你这个人没有责任心。就工作本身而言,只要对公司有利的事情,员工都可以去做,这是员工的责任。很多时候,分外的工作对于员工来说是一种考验,能够任劳任怨地去做一些分外的工作,不仅表现出你乐于接受工作磨砺的品质,也能够展现你不同寻常的能力。那些愿意主动去做一些分外工作的人,常人看起来似乎吃了大亏,但细数起来,最后成功的往往就是这些人。因为你只有愿意主动去做分外的工作,才能在实践中学到更丰富的工作经验,才能拥有更大的表演舞台,收获更多的成功。俗话说"一分耕耘,一分收获",世间自有公道,付出总有回报,这是颠扑不破的真理。

2. 责任唤醒使命,在其岗就要负其责

使命是指我们应负的责任,所要担当的任务。生活的时代不同,人们对于使命感有不同的答案。使命感是一种促使人们采取行动,实现自我理想和信仰的心理状态;是决定人们行为取向和行为能力的关键因素;是激励人们自我牺牲和忘我奋斗,倾尽一切也决不标榜和张扬的崇高信仰。古今中外,有多少人因坚守使命而流芳千古?

在革命战争时代,有无数先辈为了实现"解放全中国的神圣使命"而献出了生命。60年代,中国科学们经过艰苦卓绝的努力,用算盘作计算工具,在新疆罗布泊的茫茫荒漠戈壁中硬是不负使命成功试爆了我国第一颗原子弹,从此中国在国际舞台上有了更强硬的支撑。

还有曾经的传教士,他们为了把宗教的信仰送到更多人的心

中，不惜牺牲一切。无论是非洲蒙昧的原始森林、南美洲的崇山峻岭，还是异国他乡最为封闭的角落，都有过他们的身影。他们前往与世隔绝的穷乡僻壤、茹毛饮血的原始部落、条件极其恶劣的极限地区，甚至老死在那里，只为自己神圣的使命。他们是为了责任、心怀使命并为之而奉献毕生精力的最好典范。

使命感是对使命的感知，是对自己责任的担当。马斯洛说，音乐家作曲，画家作画，诗人写诗，只有如此方能心安理得。这种心理就是使命感。所以员工的使命感就是做好自己的岗位工作，担起自己的岗位责任，让自己的工作百分之百地完成、没有半丝半毫的不足，才能心安理得。稍有不足就会高度自责、全心改善直到达到百分百的心理，就是我们的使命感。

很显然，要实现这种心安理得的心理状态，我们就必须有百分之百的责任心，并对工作付出百分之百的努力。没有责任心、不懂得负责任，是不可能有使命感的。

有责任心的人，会有强烈的使命感，会为了这份使命而倾力而为，努力奋进，不管多大的困难也不怕。在职场上，有责任心的员工会唤醒心中的使命感，把工作视为自己的使命，从而对自己的工作更加用心，更加乐于奉献，在其岗就负其责，从来不会有半点含糊。

部门经理派三个手下去收集一家客户的产品信息。第一个人很快就把资料数据拿了回来，原来他跑去库房找到负责人，把数据一抄就拿回来交差。第二个亲自找到客户，得到了经理想要的产品信息，然后回来汇报情况。第三个手下回来的时间最晚。他先是找到客户，了解到想要的产品信息后，又详细咨询了客户其他产品的信息，特别是当下市场热销产品的情况。接下来，他又跑去市场，把客户提供的信息，与其他商家的产品进行对比。货比三家后，他才回到公司复命，把情况向经理作了详细汇报，而且提供了对比数据，好让经理进行选择。

毫无疑问，第一个员工属于应付交差的员工。他对工作的态度只是一个"混"字，没有责任心也没有使命感，他只是在完成任务。他只想着如何能对上面交差。这样的员工当然不可能做到"在其岗负其责"。

第二个员工，只能算是一个基本合格的员工。他属于被动型员工，只是为工作而工作，没有高度的责任心，因而也未能激发他的使命感，所以没有积极主动把工作做得更好一些的想法。上司如何安排就如何执行，绝不越雷池半步，也不愿多花一分心思。

只有第三个员工，才是真正有责任心的员工，他把这件事当成了自己的使命，从而真正做到了尽心尽责，自动自发地去认真思索自己的工作，并把工作做到了细致入微。试想，有这样的员工，哪个领导会不喜欢呢？

有使命感和没有使命感，对待工作的态度就会完全不一样。有使命感的人，岗位就是自己的使命，在其岗尽其责，在岗一分钟，就会尽心尽责六十秒，力求把工作做到尽善尽美。同样一份工作，有责任心的人，就能比别人做得更出色。

不在其位，不谋其政，在其位，就要一丝不漏地谋尽、谋全、谋好。工作就是责任，我们必须要敢于承担，勇于负责。一个不懂得负责且没有任何责任意识的员工，是不可能把工作做好，也不可能真正为企业带来效益的。因为缺乏责任意识，这类员工工作中很容易出纰漏，更主要的是，当他们犯下错误的时候，却不愿意承担。他们总会想办法找各种理由与借口为自己开脱，不敢也不愿担责。这样的员工，怎么可能有使命感和事业心？

著名的计算机芯片制造商英特尔公司的老板安迪·格罗夫，曾在某大学的演讲中，说过一段话，值得职场人去反思。他说："无论你在哪里工作，都不要把自己当成员工，而应当把这公司当成你自己的。自己的工作自己掌控，没有其他人可以掌控，因为这是你自己的事业。你每天都在和成百万的人竞争，你必须不断提升自己，增强自己的优势，学习新的知识，适应不同的环境。从事任何工作，都应该虚心去学习，了解新事物，掌握新技能，只有这样，你才能取得进步，才不会成为失业统计数据里的一个数字。而且，一定要记得，从周一（现在）就要启动这套程序。"

客观地说，格罗夫的话是对员工的真心话，道出了一个老板对员工的真心期待。那么作为职场一员，我们必须意识到：工作即责任，既然已从事了一种职业，选择了一个岗位，那就必须在其岗负其责，把做好工作当成使命、当成必需的事情，尽职尽责地做好。

使命感是现代职业精神的灵魂。人有了内在的使命感，就等于选择了自己的命运。一个人有了强烈的使命感，就选择了正确的人生道路，一个人没有了使命感，就会失去生活的方向。所以，当你视工作为你生命中必须完成的重要使命时，你就更容易认同你所从事的职业，并且长久地保持工作热情，担起岗位使命。

....

有位学者一日在外散步，他看见一个警察愁眉苦脸，就问："怎么了？有什么事情让你烦恼吗？"警察回答说："我一天到晚的巡逻工作只有10美元的报酬，这样的工作简直是在浪费时间。"

这时一个灰头土脸却快乐开朗的扫烟囱的人走过来，学者就问他："你一天能有多少收入？"扫烟囱的人回答："3美元。"

学者又继续问："一天才拿3美元，不觉得这工作没有意义吗？"扫烟囱的人惊讶地说："为什么会没有意义？烟囱干净了不好吗？"警察鄙视地说："只有垃圾才爱干垃圾的工作。"扫烟囱的人说："扫烟囱是我的工作，也是我的责任。我把它扫好了，大家都开心，这就是一件最高兴的事情。"学者对警察说："你看，这才是工作的真正意义。带着责任心去工作的时候，你的使命感就会油然而生，那么你的工作就会意义重大，你也会自然而然地好好工作，而不是抱怨了。"

警察说："就是巡逻，有什么使命感？"学者说："你看，你认真巡逻，不放过任何可疑之处和可疑之人，你就保护了很多人的安全，而保护大家平安幸福就是你的使命。因为你的工作大家都能幸福快乐，你的工作还没有意义吗？"

警察恍然大悟，是啊，我的工作意义重大。从此他再也没有抱怨过薪水多寡，而是认认真真地巡逻。他的辖区内好几年没有发生过任何恶性事件。警察不仅受到上级的表彰，也深受社区居民的爱戴和尊重。

面对自己的职业，不同的人有不同的态度。一些人认真负责，一些人则应付差事。有了差的心态，很难想象这样的人如何去投入工作，如何去不懈进取，如何能不辞辛苦，如何会最大限度地发挥创造力。缺乏喜和爱的情感，从现实层面的表现来说就是不敬业，从精神和心灵的层面来说则是感觉空虚，没有寄托，得过且过混日子。这样的工作当然没有意义，当然会让人觉得是在浪费时间。而一旦对工作负起责任来，唤醒心中的使命感，认真努力地投入工作中去，找到工作的意义，那么，再普通的工作也会变得不同了。

把工作和自己的职业生涯联系起来，对自己未来的事业负责，同样会唤起心中的使命感，容忍工作中的压力和单调，发现原来自己从事的是一份有价值、有意义的工作，并且能从中感受到使命感和成就感。

在工作中，责任心是决定行为取向和行为能力的关键因素，是一切行为的出发点。人可以为不同的追求而生存，比如金钱、名利、事业。但是，无论是团队还是个人，只有具备了责任心，有了追求的目标，才能引导我们以积极的实际行动奋斗不息，才能唤醒使命感，实现自己的价值，获得社会的承认，达到职业的最高境界。

3. 责任激发潜能，挑战工作的"不可能"

人的潜能是无限的。据说爱因斯坦的大脑只开发了2%，剩余的98%则依然沉睡。如果说这个说法确实成立，那么我们常人的大脑被开发的显然还不到2%。这个数据实在太令人震撼了，它足以说明人具有多么惊人的潜能。怎样将沉睡在我们体内的巨大潜能激发出来呢？最直接、最有效的因素就是责任心。责任心能让一个人瞬间爆发出强大的能量，创造出在平常无论如何也无法做到的奇迹。

这是一则老故事：一天，一位年轻的母亲把两岁半的儿子独自留在家里，然后下楼买菜。当她买完菜走回家时，抬头向自己家的窗户看了一眼，突然发现阳台有一个小黑点在蠕动。天啊！是她的孩子。她尖叫着疯狂向前跑，边跑边喊："明明，不要往外爬！"但是孩子听不懂，看见妈妈朝他招手，反而更兴奋地往外爬。妈妈用尽全身力气跑过去，正好接住了掉下来的孩子。

这件事在当地相当轰动，因为那位妈妈离孩子掉下来的地方很远，而且她还穿着短裙与高跟鞋！在正常的情况下，是无论如何也不能完成的。还有人专门做了测试，妈妈当时的速度差不多达到每秒15米！要知道奥运冠军的男子百米速度也才9秒8，也就是说，奥运冠军每秒也只能跑10米！

那为什么在当时的情况下这位妈妈却做到了？当事人说："我也不知道，我只是着急，只是想着宝宝千万别摔着，就飞过去了！"

是的，只能用"飞"来解释。这一"飞"，是当时孩子险之又险的境地驱动而来的，是妈妈当时急不可待、心急如焚的心在驱动，说到底，是妈妈的本能在驱动。这种本能，就是妈妈对孩子与生俱来的责任心。背负一个重大的责任，而且这样的责任已经让自己进入了险绝之境，除了将身体里所有的能量全部集中于此，再无任何办法能解除险绝。这样的外部条件自然会把其全部的潜能激发出来，爆发出惊人的力量，一切的"不可能"也就全部成了"可能"！

责任心是激发潜能的最有效的方式。而一旦把身体内的潜能激发出来，每一个人都会像这位妈妈一样创造出让人惊叹的奇迹。

美国第十六任总统林肯说过："每一个人都应该有这样的信心——人所能负的责任，我必能负；人所不能负的责任，我亦能负。如此，你才能磨炼自己，求得更高的知识而进入更高的境界。"林肯正是凭借高度的责任心，发挥出了自己巨大的潜能，一步步走向人生的辉煌。

> 林肯出生于一个贫穷的农民家庭，9岁的时候母亲就去世了。林肯小时候就意识到自己对于家庭的责任，于是帮家里做力所能及的事，搬柴、提水、做农活，从不懈怠。成年后，因为教育程度不高，他只能做摆渡工、种植园工人、店员和木工，但是他毫不抱怨。艰苦的劳作之余，他挑灯夜读，读莎士比亚，读《美国历史》，自学法律，最终成为一个律师，逐步走上从政之路。
>
> 由于他学识渊博、坚忍不拔，击退了一个又一个政敌，竟然在南方连一票都没投给他的情况下，依然当选为美国总统。在总统任上，他面对南方的叛乱，果断应战，维护了联邦的统一；废除奴隶制、发展经济，为19世纪美国的强盛奠定了基础，成为美国历史上最伟大的总统之一。

在职场同样如此。如果一个人对工作具有高度的责任心，他就会全力以赴地投入工作，就会无限挖掘自我能力，并且想尽一切办法找到一切可能的资源，看似最不可能完成的任务，也会轻松找到完成的方法。

有两个推销员被公司派到非洲的一个小岛上推销公司生产的鞋子。一个月之后，他们回来了，第一个年轻人说："那里怎么会有市场呢？去那儿推销皮鞋，根本就是在浪费精力。全岛的人都光脚，他们根本就不穿鞋！"

第二个年轻人则显得十分高兴，他对总经理说："那里有广阔的市场前景，完全出乎我的预料。原来那里的人根本就不知道穿鞋的好处，刚开始我先让他们试穿一下，感觉好了就买，感觉不好也没有关系，还可以退回来。但是令我想不到的是，当他们穿上鞋子以后，就不想再脱下来了。我们这次生产的皮鞋，全部都被他们给订购了。而且，我还带回来了一笔非常大的订单。"

"结果已经非常明显了。"总经理总结性地说道："真正的人才，绝对不是自封的，而是确实能创造出个人价值。第二个青年用他自己的实际行动告诉我，他值得被重用，因为他能正视现实，努力做好自己的工作，并能够成功地完成任务。这就是他的责任与能力之所在。也正是由于他对工作的责任心，才激发出他自身的潜能。"

对于没有责任心、对工作并不特别用心的人，让光脚的人买鞋是"不可能"的任务，而对于责任心强、对工作用心、且善于挖掘潜能的人来说，这样的任务其实很简单。

责任激发潜能，责任创造奇迹。任何一个人的身上，都隐藏着一种惊人的潜能。在工作中，所有的人都应当积极主动负责地做事。唯有责任，才能不断地将自身的潜力一点点地发掘出来，进而一步步地实现自己的职业理想和人生目标。

挑战"不可能"需要十足的担当和高度的责任心。没有责任心，没有担当，遇到事情必然畏首畏尾，难以扑下身子、沉下心思去研究和解决。负责任有担当，方能勇敢面对和解决问题，激发无限的潜能，应对挑战，才有获得成功的可能性。

「赢在责任心
胜在执行力」

加藤信三曾经是日本狮王株式会社的一个设计员。有一次，夜里加班到很晚他才回家。次日早晨为了赶去上班，刷牙时急急忙忙，结果牙齿被刷出血来。作为牙刷公司的一名设计员，他对自己公司生产的牙刷产生了怀疑。

到了公司，他跟办公室的几个同事一起讨论这个问题，他觉得应当改进设计，避免这个问题出现，因为这样的问题会给顾客带来不好的体验和担忧。同事们一致同意共同来设法解决刷牙容易伤及牙龈的问题，因为改进设计、制造更有用的牙刷本就是大家的责任。他们想了不少解决办法，对牙刷进行必要的改造，从牙刷的刷毛质地、牙刷的造型、刷毛的排列顺序等方面提出了很多重要的改造方案，但一直都没有太好的效果，大家都认为在目前条件下已经不能再有太大的改善了。但加藤不这么认为，他花费大量的时间来做实验，要找出牙刷导致牙龈出血的原因。终于，加藤找到了最好的解决办法。原来，以前的牙刷由于是机器切割，所以刷毛顶端全部都是呈锐利的直角，这才是刷牙出血的真正原因。所以只要改善刷毛的切割方式，将刷毛的顶端全部弄成圆角，就不会有这样的问题了。

经过实验取得成效后，加藤正式向公司提出了改变牙刷刷毛形状的建议，全部牙刷刷毛的顶端都改成了圆形。改善后的狮王牌牙刷受到广大顾客的欢迎，销量直线上升，最后占到了全国同类产品的40%左右，公司盈利颇丰。加藤也由普通职员晋升为科长，十几年后成为公司的董事长。

勇于向"不可能完成"的工作挑战，是职场成功的基础。不敢向高难度的工作挑战，是对自己的潜能画地为牢，最终使自己无限的潜能化为有限的成就。如果希望在工作上有所成就，就一定要改变这种缩手缩脚的自卑心理。每个人的潜能都是非常大的，越相信自己，你所能完成的工作就越多，做得也就越好。

工作中，在分配任务时，我们常会听到"这不可能完成"一类的推诿之辞。若能发扬挑战精神，多用一些时间、多花一些心思、多做一些努力，把认为"不可能"的举措或途径尝试一番，或许"不可能"就会成为"可能"，这样的人正是职场最需要的人。一位老板描述自己心目中的理想员工时说："我们所急需的人才，是拥有奋斗进取精神，勇于向'不可能完成'的工作挑战的人。"敢于向"不可能完成"的工作挑战的"职场勇士"和事事求安稳的"职场懦夫"在老板心目中的地位是截然不同的。"职场懦夫"永远不要奢望得到老板的垂青。如果羡慕别人的晋升，那么，一定要明白，他们的成功绝不是偶然的。在复杂的职场中，正是秉持敢于负责，敢于"挑战不可能完成的工作"这一原则，他们磨砺自己，不断奋进，创造出工作的奇迹，才最终脱颖而出。

这并不难，只要有高度的责任心和自信心，以无比的勇气，勇敢地去做，在责任心的激发下挖掘自身的无限潜能，那么，一切的"不可能"都会变成可能，你的职场人生也会顺畅和灿烂起来。

4. 责任引爆激情，干一行就会爱一行

也许有很多人认为，承担责任不过是一种被动的行为，与工作的激情又有多大的关系呢？有这样认识的人，一定没有真正地理解责任的含义，也没有领会激情的真谛。

激情是什么？激情是心灵之火，是点燃我们生活和工作的活力之灯，让我们热情地拥抱生命，开创未来。激情是心中的神，让我们光芒四射，生机勃勃，让我们活力无限，坚强有力；激情是一种意识状态，它调动我们全身的每一个细胞，鼓舞和激励我们去采取行动；激情是一种可以融化

一切的力量，是一种不断鞭策和激励我们向前奋进的动力。

而责任是什么？责任就是我们所承担角色的使命。歌德的回答是："责任是一种耐心细致的行动，是一种把你应该做好的日常工作做到最好的充满激情的行动。"

责任是激发潜能的利器，也是引爆激情的源头。有责任心的员工，热情满怀，热爱工作，调动自身所有的潜力，去达到目标，实现理想，使我们要把所有的事情都做得尽善尽美，对每一项工作都尽职尽责，让我们时时刻刻牢记自己的责任，任何时候都不忘记自己的责任，勇敢地承担自己的责任。

人在有激情和没有激情的情况下，做事效率是完全不一样的。有激情的人有90%的能力，却能焕发出100%的热情，达到120%的办事效率。卡内基就把激情称为"内心的神"，他说："一个人的成功因素很多，而属于这些因素之首的就是激情。没有它，无论你有什么样的能力，都发挥不出来。"点燃对工作的激情之火，让自己满怀激情地工作时，人生将大放光彩。同样，也只有在你满怀激情时，你才能真正负起自己的责任。所以，一个优秀的员工，一定是一个激情飞扬的员工、一个负责任的员工、一个以飞扬的激情承担起工作的责任的员工、一个任何时候都会把责任放在第一位的员工。

一个人，不论是教师、警察、士兵、司机、法官、清洁工、服务员，不论是白领、蓝领还是红领，一份工作就是一份责任，一个职业就是一种责任。你从事工作，就必须负起责任。在这个世界上，没有不需要承担责任的工作，也没有不需要完成任务的岗位。

如果对一件事情不想负责，但又不得不去负责，那么即便肩负起了责任，它恐怕也不会带来多大的动力，至多也只能让自己对工作的兴趣保持到刚好能够不辜负责任的程度。对于一个普通的员工，这也许就够了，但如果想要足够优秀，想要拥有更多的机会和更大的成功，那么这就远远不够了。

只有发自内心想要为自己的工作去负责，把工作当成事业一样去经营，责任心才能得到最大程度的激发，对工作的热情也才有可能大幅度提升。此时对工作就会积极主动，自动自发，就会干一行爱一行，享受工作的乐趣，从而也让自己的岗位闪出光芒。

一个充满激情的人必然是对事业怀有责任心的人。一个对自己工作充满激情的人，无论在哪里工作，他都会认为自己所从事的工作是世界上最神圣、最崇高的职业；无论工作的困难多么大，或是标准要求多么高，他都会自觉主动、竭尽全力去完成它。

1975年，徐虎从郊区农村来到上海城里，成为了一名水电维修工，担负起管区内6000多户居民的水电维修、房屋养护工作。当时，他的父亲对他说："咱们是普通工人出身，干一行就要干好这一行，对人要热情点。"

话是这么说，可是，当徐虎第一次去居民家修堵塞的抽水马桶时，他还是傻了眼：粪便、草纸、污水淌了一地，别说干活，连立脚的地方都没有。但是，他看到居民焦急的样子，想想自己干的就是这一行，徐虎不仅没有表现出丝毫的恶心，而且热情地一边安慰他们别急，一边仔细检查，修理。

马桶修好了，居民连声道谢，事后还特意给房管所写了一封感谢信。这件事给徐虎留下了深刻的印象。他想，自己干了分内的工作，居民就这么感激，自己真的应该尽心尽力把工作做得更好些。

从此，只要一有空，徐虎总是认真学习维修水电技术。碰到居民报修，徐虎一喊就到，及时解决问题。碰到难做的活儿，徐虎也会千方百计做到让居民满意。而且他随时随地都充满热情，积极乐观，让大家一看到他心中都很熨帖。

他发现，居民傍晚下班以后是用水用电的高峰期，也是故障高发的时间，而这时水电修理工也已经下班休息了。1985年，他自己在管辖的地区率先挂出三个醒目的"水电急修特约报修箱"，每天晚上19点准时开箱，并立即开始修理。

从此，晚上19点成了徐虎生活中最重要的一个时间。十多年来，不管冰冻严寒还是烈日炎炎，不管刮风下雨还是节假日，徐虎总会准时背上工具包，骑上他的那辆旧自行车直奔这三个报修箱，然后按着报修单上的地址走家串户为用户排忧解难，因此他被群众亲切地称为"晚上19点钟的太阳"。

除夕是阖家团圆的日子，可是徐虎的除夕几乎都是在为群众服务中度过的。

1985年除夕，光新路人民浴室进水阀爆裂。

1986年除夕，南黄海石油公司断水。

1987年除夕，石泉六村27号、棉纺一村27号、石泉路75弄共3户居民报修。

1988年除夕，信谊新村34号18户居民家断水。

1990年除夕，石岚三村48号居民家断水。

1991年除夕，潘家湾123弄9号屋顶水箱断水。

1992年除夕，管弄路61弄29号水管冻裂漏水。

1993年除夕，石泉六村12号207室抽水马桶堵塞。

……

一辆破旧的自行车，三个"全天候"的报修箱，十几年随叫随到、风雨无阻的服务，对工作满怀的激情，让徐虎成了全国著名的劳模，也成了人们学习的标兵和楷模。

对工作热情，可以让我们把枯燥乏味的工作变得生动有趣，使自己充满活力。我们更可以获得领导的提拔和重用，赢得珍贵的成长和发展机会。所以不管从事什么样的职业，要想获得成功，首先需要的就是工作激情。任何人，只有具备了这个条件，才能获得成功。

热情洋溢的工作态度对职场的影响是巨大的，没有一个人愿意与整天萎靡不振的人交往。同样，没有一个公司愿意招聘一个整天提不起精神的人，更没有一个老板愿意重用一个情绪低落、整日牢骚满腹的员工。和那些在工作上不太如意的人聊一聊，就不难发现他们牢骚满腹、怨天尤人、愤愤不平、寻找借口，这是他们性格上的缺陷造成的。他们自毁前程、自食其果、无所作为，总是显得格格不入。他们不明白一个基本的职场原则：奖赏只属于那些对工作有激情的人。

激情是一种精神力量，是干好工作和事业的强大动力。它来源于对社会和对事业的使命感和责任感，是对工作的认真负责、执着追求、拼搏进取、无私奉献的精神。因为责任的驱动，因为激情的感染，无论做什么样的工作，都会干一行爱一行，激情满怀地去干，积极负责地干好。

众所周知，干一行，爱一行，通一行是一种优秀的职业品质。一个人只有干一行爱一行，才能专一行，最大限度地发挥自己的聪明才智，为公司发展做出自己的贡献，同时也能实现自我价值。

其实，我们很多人的工作并不是自己最喜欢的。一个人能够一开始就碰上自己喜欢的工作的概率实在太小，大多数人初出茅庐，都不得不从自己不喜欢的工作开始干。如何喜欢上自己的工作，这要看一个人的工作态度。懂得珍惜工作、一心想做成一番事业、希望自己的家庭因为自己的努力而过得更好的人，都能够在工作中调整自己的状态，哪怕从事的是自己不太喜欢的职业，他们也会努力让自己爱上它，并把这份工作做好。

曾经有人问英国哲人杜曼先生，成功的第一要素是什么，他回答说："喜爱你的工作。如果你热爱自己所从事的工作，哪怕工作时间再长再累，你都不觉得是在工作，相反像是在做游戏。"爱迪生一生有一千多项发明，他一天工作18个小时，他却说一生从来未做过一天工作。这是因为他不把发明看作工作，而是将其看成一种享受。的确，一个人无论从事什么样的职业，无论当初选择这份工作的原因是什么，只要选择了这个企业，就要热爱这个企业，拥有了这份工作，就要热爱这份工作。只有这样，才有可能取得成功。很多人都以为，只有做自己喜欢的工作才能有大成就，而不适合自己兴趣的职业，是无法燃起工作激情的，更谈不上有卓越的成就。不过经过无数人的试验，证明这种观点是错误的。一份工作，可以从不喜欢到喜欢，再到热爱，这需要一个过程，更需要责任在前，激情相伴。只要我们热爱自己的工作，勤恳踏实地干好自己的本职工作，就一定能创造出辉煌的业绩！三百六十行，行行出状元。不在于你做的工作是什么，而在于你在工作中做了什么。

干一行，爱一行，通一行。这实质上就是一种对事业高度负责的精神，它不仅是工作作风的内在要求，更是精神品格和人格魅力的表现。只有个人工作能力强了，企业的战斗力和竞争力才能够得到有效提升。也只有干一行，爱一行的人，才能在工作中找到乐趣，视工作为享受，让生活过得充实而快乐。

可能有些人会说，我实在找不到工作有什么可爱之处，我的工作又枯燥又无聊。其实，不管什么样的工作，对于谁来说都是一样的，你是否热爱它并不取决于工作本身，而取决于你自己。

(1) 给自己找一个爱上工作的理由

在职场中有太多太多的人总在给自己为何讨厌自己的工作找着各式各样的理由，然而却鲜有人找一个理由让自己爱上工作。如果你总是振振有词："我的工作太累了，我讨厌它，我总是做重复性劳动太无聊了，我的工作时间太没规律了。"那你永远也不可能爱上自己的工作。不妨换个角度想想，找找这份工作吸引你的地方，结果可能就大不相同。有时候只要一个理由，比如它确实让你展现出了自己的价值，你就能改变对工作的看法，从而爱上它。

(2) 多想想工作中那些让你感到快乐与感动的瞬间

在这个世界上，任何事情都有好坏两个方面，工作也不例外。如果你的脑海中浮现的总是工作中的困难、不顺利，那么自然很难爱上它。而如果尝试想一想工作中那些让你感到快乐、感动的事情，往往就能激发起你对工作的热爱，你会发现原来自己的工作并没有那么糟糕，它还是给你的人生带来了不少精彩。比如，当你把一件工作做到极致时，领导当众对你进行表扬时的那个瞬间；当你不辞辛苦完成自己在之前认为不可能完成的工作时，那种超越自我的美妙感觉；甚至当你或你的同事在工作中犯出一个"低级"错误时大家的哄堂大笑……想想这些，工作其实也是很有趣的。

（3）把工作当成是一种修行

对于每个人来说，工作其实都好像是人生中的修行。在工作的过程中，你拥有了不断提升自我的机会；将自己磨砺得更适合在这个社会中生存；给自己找到了展现自我价值的平台。工作并非是苦役，当你把它当作是人生必经的修行时，你就不会再对它产生抗拒感，自然而然也就会慢慢爱上自己的工作。以修行的心态去工作，把工作中的苦难当作是考验，很快你就会发现自己在工作中的付出反而让你感到愉悦。

干一行，爱一行。当你爱上自己的工作时，在工作中肩负多大的责任都不再是一件痛苦的事，因为你已经享受其中。而在享受负责任的过程中，你的执行力也会出现惊人的提升，无论做什么都能充满动力。

5. 责任鞭策自己，勤奋努力不断学习

一个对自己负责的人，一个责任心超强的人，是不会停下学习的脚步的。因为他的责任心时刻在提醒他，只有不断学习新的知识，勤奋努力、踏踏实实地去工作，才是最大限度地对自己负责任，对岗位负责任，对企业负责任。因为在这个科学技术一日千里的时代，稍不留意，就极有可能被时代抛弃，被工作淘汰，成为一个无用之人。这不论是对自己、对工作、对企业，都是不小的损失。负责任的人不会让自己成为被淘汰的对象。只有那些自以为岗位稳定、工作轻松、不需要承担多大责任的员工，才会忘记学习，得过且过地"混日子"，一旦真的被淘汰时，才后悔莫及。

一个不负责任的人，只会贪图工作的安逸，生活的舒适，根本没有想到未来，也不会激励自己去努力学习新知识，掌握新技能，不会与时俱进，只会故步自封，最终等来被淘汰的命运。在任何岗位上，这样的人都

会是被淘汰的对象。特别是当今这样一个科技发展一日千里、技术日新月异的时代，人工智能正在以令人难以想象的速度发展，毫无疑问，会有越来越多从事简单重复工作的人将面临失业。如果还没有紧迫感，还不懂得努力奋进、学习赶超、与时代同步的道理，那就只能任由自己的人生成为一个悲剧，并在被淘汰的时候无助、无奈地大喊："除了干这个，我什么都不会！"不过，不管你呼喊的声音多大，也不会换来改变，只会招来嘲笑。

任何一个行业，只有不断学习和进步，才能与时俱进，掌握前沿的知识和技能，从而保持自己的核心竞争力，否则被淘汰是迟早的事。所以，但凡对自己有责任心的人，对自己的未来有期许的人，对自己要求高的人，是不会放任自己的懒惰，任由自己被时代远远地落在后面的。

同样，对工作责任心强的人，更不会停下学习的脚步。也许昨天还引以为傲的技能，在今天已经没有了用武之地；也有可能刚学的知识就已经过时了。而面对新引进的机器、新开发的技术、新规划的产品，自己却一无所知，茫然失措。那么，自己的工作怎么可能做好？自己的岗位如何才能守住？所以责任心强的人，对自己的工作有更高的要求，生怕自己做得不够好，于是自觉主动积极地去学习新知识，掌握新技能，就为不让自己掉队，就为把工作做得更好。所以这样的员工给人的印象也总是更刻苦，更勤奋，更舍得付出，更愿意学习，因而他们也往往是业务能力最强、表现最优秀的员工，也是企业最需要的、最离不开的员工。而那些不愿意学习，还没有发现学习的重要性的员工，一不小心，就会被替代，就会成为过时员工。

雅美是计算机专业的本科毕业生，毕业后在一家网络公司从事网络管理工作，因为专业对口，而她自己又特别喜欢自己的专业，所以工作起来非常卖力，从没有出过差错。但她自恃专业知识还算过硬，而且表现优异，也就没想过还要学习的事情。

让她没有想到的是，她的职位还是被后来的一位拥有认证网络管理员资格的硕士"抢走"，雅美只好成为一名普通的计算机操作员。这令雅美很生气，自己不就是少了一张证书吗？论能力自己哪儿差了？心理的不平衡让雅美一气之下辞了职。但当她到人才市场参加招聘会时，看上眼的网络管理职位都要硕士以上学历，还要求持有相关的证书。好不容易获得一个面试的机会，可面试官所说的那些目前最先进的技术自己完全不了解，根本搭不上话。雅美这才知道不是公司要换下自己的职位，确实是自己掉队了。

为了改变这种局面，她决心去学习给自己充电，迅速赶上来。她先参加计算机专业技术培训班，又去参加了微软数据管理认证和微软系列工程师认证考试，还专门进修了编程，以了解当前的最新技能。她期待经过充电，能让自己重新回到职场，不至于就此被自己喜爱的行业淘汰。

当前知识更新的速度已经远远超过我们的想象。在18世纪，知识更新周期为80年到90年。19世纪到20世纪初，缩短为30年。到了20世纪八九十年代，许多学科的更新周期变成了5年。进入21世纪，已缩短至两到三年，而且越来越短。在过去，欧洲的中世纪、中国的封建时期或是工业时代，整个社会和个人的发展前景都是可以被看见的，所以那时，我们还有"毕业""出徒"的概念，凭借自己的知识和手艺就可以舒舒服服地生活。然而今天，工业时代中心化的组织正向更为扁平化的互联网世界转变，无论是人工智能、VR/AR技术，还是大数据、物联网、金融科技等，每个领域都处于飞速发展的阶段，每一天都会有新的技术、新的产品、新的发明出现。面对这个时时更新的世界，每一个人都是学生，都需要每天不断突破自己，去赶超这个社会进步的节奏。无论是创业者，还是企业老总，或者是公司职员，谁慢半拍，谁就可能被淘汰。所以，勤奋努力、不断前进、不断学习，才是负责任的态度。

很多员工对学习有一种拒绝心理，其实拒绝学习就等于在拒绝自我更新。由于过去的丰富经验和突出的工作业绩，这些员工放弃了对学习的追求，反而使过去的经验和业绩成为自己学习的障碍。因此，背叛自己的经验、倾听别人的意见是员工必须遵守的学习原则。

玛丽和依莎贝拉同时被微软录用为程序员。玛丽毕业于一所著名大学的电子系,她才华横溢,设计的程序简洁明了,而且漏洞非常少,一开始就赢得了主管的青睐。而依莎贝拉却是靠自学成才的,她甚至连一个像样的文凭都没有。有人传言说,依莎贝拉之所以能够被录取,完全是因为上层主管当中有她的亲戚。

为此,玛丽总是瞧不起依莎贝拉,她甚至说:"和这样的傻瓜在一起工作,简直是我的耻辱。"平常的工作量对玛丽来说很轻松,所以她花费了大量的时间在交际、购物上,而依莎贝拉必须起早贪黑,才能勉强完成工作任务。

令人大吃一惊的是,半年以后,依莎贝拉被提升为设计部的主管,对此玛丽愤愤不平:"只要高层有亲戚就可以顺利提升,完全不考虑工作能力,这样的公司有什么前途!"

主管给玛丽拿来了一份依莎贝拉的设计程序,玛丽看后大吃一惊,依莎贝拉的程序和原来的相比竟然有了脱胎换骨的变化!简直可以用完美无缺来形容。

原来,在玛丽自鸣于自己才能的同时,依莎贝拉却在努力学习。而此时,依莎贝拉设计出来的程序已经比玛丽的优秀得多了!

两年后,依莎贝拉已经成为了微软某部门的高级主管、高级程序设计师,而玛丽依然是一个普通的程序员。

玛丽在安逸的生活中忘记了变化的存在,而依莎贝拉却可以通过不断的学习来充实自己,提高自己,最后在变化当中独领风骚。

学历只代表过去,只有不断学习才代表将来。一个出色的员工,必定是一个善于学习的员工。因此,我们必须日积月累,不断去学习才能换来不断进步。学习能力也是我们其他能力的前提。只有学习能力强的员工,才能进步更快,成就更大。所以,提升学习能力,是每一个员工的必修功课。

学习能力，简单地说，就是学习的方式、方法、能力及态度等各个方面的集合，包括学习动力、学习态度、学习方法、学习效率、创新思维和创造能力的一个综合体。

学习能力，不仅是每天的看书求知，不仅是谦逊面对客户和竞争对手的总结，不仅是每次听交流会时认真记笔记，更重要的是学以致用。古人说"知行合一"。如果学了不做，看过再多成功学的书，听过再多名人的成功技巧讲演，依然是纸上谈兵，不会有任何进步！只有学以致用，才能把学到的变成自己的，成为生命中的一部分，实现自身能力的提升。那么，该如何提高自己的学习能力呢？

（1）要有学习的目标

目标远大，动力越足，当然最后的成就也会越大。有这样一个寓言故事：

很久以前有三只小鸟，它们一起出生，一起长大，等到羽翼丰满的时候，又一起从巢里飞出去，一起寻找成家立业的位置。

它们飞过了很多高山、河流和丛林，最后飞到一座小山上。一只小鸟落到一棵树上说："这里真好，真高。你们看，那成群的鸡鸭牛羊，甚至大名鼎鼎的千里马都在羡慕地向我仰望呢。能够生活在这里，我们应该满足了。"它决定在这里停留，不再飞走了。

另两只小鸟却失望地摇了摇头说："你既然满足，就留在这里吧，我们还想到更高的地方去看看。"

这两只小鸟继续了飞行的旅程，它们的翅膀变得更强壮了，终于飞到了五彩斑斓的云彩里。其中一只陶醉了，情不自禁地引吭高歌起来，它沾沾自喜地说："我不想再飞了，这辈子能飞上云端，便是伟大的成就了，你不觉得已经十分了不起了吗？"

另一只小鸟坚定地说："不，我坚信一定还有更高的地方。遗憾的是，现在我只能独自去追求了。"

说完，它振翅飞翔，向着九霄，向着太阳，执着地飞去……

最后，落在树上的成了麻雀，留在云端的成了大雁，飞向太阳的成了雄鹰。

有一句话说得好：心有多大，舞台就有多大。梦想是促进行动的原动力，高远的目标会让我们飞得更高。在学习中有一个清晰的目标，并为实现这个目标而学习的时候，学习就不再是讨厌的、与自己的人生无关的负担了。这时，学习就成了有趣的、能够决定自己命运的最紧要的事。只有这样，你的学习才是主动的、自觉的，而不是被迫的、压抑的，成功当然也就更轻松了。

（2）制订学习计划

有计划地学习是提升学习力的重要方法。

一位哲人说的好，最蹩脚的建筑师从一开始就比最灵巧的蜜蜂高明的地方，是他在用蜂蜡建筑蜂房之前，已经在头脑里把它建成了。

一个完美的长期学习计划可以帮助你清楚地知道自己的学习是向哪个方向发展、应采取什么策略、制订什么措施、开始什么行动、如何安排时间、动用什么资源……从而减少学习的盲目性和随意性，使学习变得紧张而有序。

（3）要有兴趣

兴趣是最好的老师。孔夫子也说过："知之者不如好之者，好之者不如乐之者。"兴趣对学习有着神奇的内驱动作用，能变无效为有效，化低效为高效。充分激发学习兴趣是提升学习力最有效的途径之一。兴趣是最好的老师，学习兴趣促进了学习成功，学习成功又会提高学习兴趣，形式良性循环。

（4）勤奋

古话说"一勤天下无难事"，勤奋是成功的必经之路，也是提升学习力的必经之路。对于学习来说，所谓的天才人物，指的就是那些具有毅力的人、勤奋的人、入迷的人、忘我的人和充满热情的人。学习根本没有秘诀，如果有的话，就只有两个，勤奋学习和善于学习。

学习是一个过程，它的最终目的就是为了创造。你不能成为学习的奴隶，而应该把所学到的知识作为自己去创造、去发现的工具。学到了知识，还必须要让他们发挥作用。不然，你的学习就只是在白费力气。这需要学会将各种知识进行重新组合并善于将不同种类的知识联系起来，以使他们发挥出更大的作用。

工作如逆水行舟，不进则退，现代职场中充满着无形的竞争，如果在逆流中不拼命地往前游，就会被无情的水流冲得无影无踪。职业生涯的每一个驿站，都需要不断学习来面对下一个冲刺。

不断学习，积极进取，是个人的明智之举，它提高的是职业人士的竞争力。无论是拿出专门的时间去学习，还是在工作中不断学习，每一个员工都要从工作的实际需要出发，注重提高自己的学习能力，勤于学习，善于学习，时时不忘记学习。只有不间断地终身学习，才能在竞争激烈的社会中立于不败之地。

6. 责任承载忠诚，用责任捍卫自己的职业操守

责任意味着什么？意味着必须承担的义务，务必完成的使命。因而，有责任心的人，也是一个忠于企业、忠于工作、忠于岗位的人。员工对企业的"忠诚度"首先就应表现为对本职工作是否能做到"尽职尽责"。反过来，一个尽职尽责的员工通常以行动表明自己的忠诚和敬业。

在人的生命中，如果智慧和勤奋像金子一样珍贵的话，那么还有一种东西也很珍贵，那就是忠诚。

忠诚是人类最重要的美德之一，是一种不受国家、地域、民族或文化影响的全人类共同尊崇和景仰的美好品德，是一种伟大的精神力量，一种崇高的人格修养。拥有这种品德的人，必然得到信任，受到重用。

> 赢在责任心
> 胜在执行力

我国自古就是一个强调忠诚的国家,"忠、孝、悌"的思想盛行不衰。所谓"忠"就是指下一级要对上一级忠诚与服从;"孝"则是下一代要对上一代忠诚与服从;"悌"是指在同一层级之间,年龄小的要对年龄长的尊重与服从,这三个字中都包含了忠诚的意义。

忠诚是一个人为人处世的根本,也是责任心的具体体现。在我国历史上,那些忠诚的人都成了千古流芳的人物,比如精忠报国的岳飞,北海牧羊19年而忠节不改的苏武,宁死不降清的少年英雄夏完淳,被大刑折磨也不出卖同志的江姐等,他们都有高度的责任心,对民族、对国家、对党的事业的高度责任心,让他们把艰辛忘于脑后,将生死置之度外,让他们甘心受苦,慷慨赴死,也在所不惧。

柴明是个退伍军人,几年前经朋友介绍来到一家工厂做仓库保管员,虽然工作不繁重,无非就是按时关灯、关好门窗、注意防火防盗等工作,柴明却做得非常仔细认真。每天清清楚楚登记来往工作人员的提货日志,将货物有条不紊地码放整齐,还从不间断地对仓库的各个角落进行打扫清理,特别是夜间的值守,更是非常用心。

三年下来,仓库没有发生一起失火失盗案件,其他工作人员每次提货也都能在最短的时间里找到所要的货物。在工厂建厂20周年庆功会上,厂长按老员工的级别,亲自为柴明颁发了5000元奖金。好多老职工不理解,他才来厂里三年,也不过是个普通的库管员,凭什么能够拿到这个老员工的奖项?

厂长看出大家的不满,就对大家说:"你们知道我这三年中检查过几次咱们厂的仓库吗?一次没有!这不是说我工作没做到,其实我一直很了解咱们厂的仓库保管情况。作为一名普通的仓库保管员,柴明能够做到三年如一日地不出差错,而且积极配合其他部门人员的工作,尽职尽责、忠于职守,保证了仓库里平安。柴明真正做到了爱厂如家,我觉得这个奖励他当之无愧!"

每一个人在工作中都应当主动承担起自己的责任，认真负责地做事。如果每一个员工都承担起了属于自己的责任，企业必定会兴盛发达。每一名员工都至关重要，都是企业前进中不可或缺的推动力量。只要你还是企业中的一员，就应当抛去任何借口，主动承担自己的责任，奉献自己的忠诚。如果你能够将自己的身心彻底融入企业，尽职尽责，把企业当成自己的家，时刻不忘用自己的行动让这个家变得更兴旺、更美丽，那么，任何一个老板都会将你视为公司的支柱。

对企业的忠诚离不开责任的支撑，是高度的责任心承载着忠心。忠诚的美德并非天生就有，而是在责任的激励下养成的。不做有损于单位利益和国家利益的事只是忠诚的一个方面，积极主动为公司创造更高的价值，也是忠诚的一种体现。

忠诚是无价之宝。每个公司的发展和壮大都是靠员工的忠诚来支撑的。忠诚的员工是公司最需要的，每个企业的发展和壮大都是靠员工的忠诚来维持的。忠诚的员工会坚守自己的岗位，兢兢业业；会理解自己的上司，甘愿承担繁重的工作；会主动配合自己的同事，善于帮助别人；会处理好自身与客户的关系，对每一个客户都讲求诚信，真诚以待；会自觉维护公司的形象，绝不会出卖公司任何商业机密。只有所有的员工都对企业忠诚，才能发挥出团队力量，才能拧成一股绳，劲往一处使，推动企业走向成功。

同样，一个忠诚于组织，忠诚于领导，忠诚于同事，忠诚于工作的员工，会把自己的目标和公司的目标捆绑到一起，兢兢业业，勤奋努力，他的精神气质会感染他身边的每一个人，他会得到同事的尊重、领导的器重，赢得老板的信赖，从而得到晋升的机会，并负起重任，为公司创造更大的价值。在为企业为公司创造价值赢取利益的同时，他也在不断地实现自身的人生价值，不断获得满足和成功。

因此，每一个人都应该重视和塑造自己忠诚的品格，对工作、生活、朋友、亲人，都忠诚相待。忠诚不需要华丽的辞藻，它需要的只是真心、真诚、真情，需要用实际行动来表达，用责任之心去承载，用忠诚之心去

> 赢在责任心
> 胜在执行力

坚守自己的岗位职责，哪怕付出所有也不后退。

裴永红是一个"80后"青年，湘潭县梅林桥镇黄竹村人。曾入伍从军，军旅生活铸就了他刚强的品格。2004年从部队退役后，裴永红辗转外地打工，当过护林员、建筑工。不管做什么工作，他都尽职尽责，认真踏实。为方便照顾年迈的父母，2009年底，他回到老家湘潭，成了湘潭电厂一名调车连接员，在铁路专用线上负责引导煤车、油罐车的进出。与调度室联络、用对讲机呼叫、分离连接车厢等。每一个细节，裴永红都学得认真，做得细致，仅1个月的时间，他就完全胜任了工作。

2011年3月10日上午11点，天空下起了倾盆大雨，一列满载38节汽油油罐的火车，从8号车道改到6号车道，倒车进入油库。裴永红穿着雨衣，像往常一样，站在最后一节车厢，紧握手中的对讲机，观测着距离，时刻准备向驾驶员发出减速停车的信号。

距离目标点还有120米左右时，他拿起对讲机，向驾驶员呼叫"停车！停车！"却突然发现对讲机失灵了！"减速！停车！"无奈中，他歇斯底里，拼劲全身力气朝驾驶员呼喊。然而距离太远，他的呼喊声完全被雨声淹没。

一旦火车撞上油库，方圆1公里将成为一片火海，危及数千人的生命安全。

千钧一发之际，他毫不犹豫地跳下快速行进中的火车，想要冲到器具室拿备用对讲机。由于惯性太大，雨天路滑，裴永红跳车的一瞬间，雨衣被油罐车挂住，没来得及站稳，就猛地被甩到车轮底下。"咔"地一声巨响，车轮从他右肩膀以下20厘米处碾压过去，顿时血如泉涌。

眼睁睁看着右臂与身体分离、鲜血喷溅，裴永红仍然做出了令人难以想象的举动：他使劲压住动脉血管竭力止血，快速冲进值班室换了一台对讲机，叫停油罐列车。列车正副驾驶、信号塔台等工作岗位,都听到了对讲机里传来的裴永红声音嘶哑的呼叫。

90米、80米、70米……终于,火车在超出预定位置50米处稳稳地停住了,一场灾难被及时制止。那一刻,裴永红才松开了紧握的对讲机。他顺着雨水中清晰可见的血迹,一路走过,想要找回断裂的手臂,却因为失血过多,瞬间昏厥,不省人事。场站立即组织车辆和人员将他送往湘潭市最大的医院——湘潭市中心医院抢救。

当他醒来时,发现自己已躺在了病床上。那只断裂的手臂由于血管神经被严重破坏,无法再移植回来。

"压断了手我疼啊,但油罐车还在走,不停下来会出大问题,我必须尽到自己的责任。"病床上的裴永红虽然被伤痛折磨得脸色蜡黄,但对自己所做的一切毫不后悔。

裴永红在右臂被列车车轮完全压断的情况下,强忍剧痛向列车发出停车信号、奋力避免了一起重大事故。他近乎悲壮的举动,在湘潭市和他的家乡湘潭县,感动了无数人,也在网络上激起了轩然大波。这个不平凡的"80后"被很多网友感慨地称为"断臂哥",成为很多主流网站的热门话题。海内外网友评述、致敬的网帖、跟帖如潮,微博转发量过万。有网友写下这样一首诗:"臂虽断恪尽职守,平凡人生抒精彩;心不悔精神永存,猛士壮举闪光辉。"所有的人都被他这种舍己为人、坚守责任的精神所感动。

裴永红说:"如果时光倒流,再让我选择一次,我将毫不犹豫地作出同样的决定。因为,我一直坚信,人生的价值在于责任,责任能承载生命之重。责任最苦,责任也最乐。"

人生的价值正是在于责任,生命的伟大也在于责任。对岗位的忠诚正是源于对责任的看重。责任是一种伟大的品格,在所有价值中处于最高的位置。责任是一种崇高的职业精神,它体现了最完美的职业责任和职业使命，更表现出了每一个具有责任感的人对于工作的热爱，表现出了他们心底深处对生命的无限激情。

如果缺失了责任之心，就会轻慢自己的工作，就会淡漠自己的岗位，就会缺失忠诚之心，在利益的诱惑之下或许会做出背叛企业的行为。而这样的背叛带来的将是一辈子擦拭不掉的劣迹，背叛的代价就是给自己的人格和尊严抹上污点。这样的员工必然遭到企业的唾弃，遭到社会的白眼，并最终断送自己的前途。

张平在一家大公司供职，因为能说会道，才华横溢，所以很快被提拔为技术部经理，可谓前途无量。

有一天，一位港商请张平喝酒。席间，港商说："最近我的公司和你们的公司正在谈一个合作项目，如果你能把手头的技术资料提供给我一份，这将使我们公司在谈判中占据主动。"

"什么，你是说，让我做泄露机密的事？"张平皱着眉道。

港商小声说："这事儿只有你知我知，不会影响你。"说着，将15万元的支票递到张平面前。张平心动了。

在谈判中，张平的公司损失很大。事后，公司查明真相，辞退了张平，那15万元也被公司追回以赔偿损失。张平就因为心中的贪念，不仅没有得到一笔意外之财，而且连工作也失去了，前途无量的张平一刹那变得一无所有。

万般无奈之下，张平想到去投奔那位港商，但这次港商再没有一点好脸色给他，反而说，不忠诚的人，我们是绝对不会录用的。

张平懊悔不已，但为时已晚。

忠诚很重要。一个丧失忠诚的人，不仅丧失了机会、丧失了做人的尊严，更丧失了安身立命之本。

不忠诚的人常常会因为一些无法抵御的诱惑而抛弃做人的根本，这样的人纵然才华横溢，豪情万丈，又有什么用？如果只把自己的小聪明用在怎么得到蝇头小利上，又能做出什么大的业绩？

有的员工对自己的工作不满意，想换个环境，换个工作。在几经努力换了一个工作环境后，某些方面可能比以前有所改善，比如薪酬、职位，但其他方面可能还会令人很不满意，比如环境、工作时间和工作任务。当初你跳槽的原因可能是因为公司的工资太低，但你离开另一家公司的原因可能就不是工资的原因了。这样跳来跳去，其实是职场的一个大忌。有的人自命不凡，眼高手低。总想着自己被老板指使，替别人干活，是别人赚钱的工具，从而在思想上产生了严重的抵触情绪，只要稍有不如意，就会大动肝火。老板说不得，同事问不得，开口闭口就是"此处不留爷，自有留爷处"。一心想着有朝一日要跳槽到更好的地方。跳来跳去，结果让企业觉得这样的人缺乏责任心，对企业不忠诚，从而大大降低对其信任度，他们只会越来越难找到满意的工作。

忠诚是衡量一个人是否具有良好职业道德的前提，是否具有责任心的基础。美国海军陆战队士兵手册中有一段话对忠诚的诠释十分精彩："忠诚不谈条件，忠诚不讲回报。忠诚是一种义务，忠诚是一种责任，忠诚是一种操守，忠诚是人生最重要的品质。海军陆战队首先不会给你什么，但你要给海军陆战队绝对的忠诚，如果你给了海军陆战队绝对的忠诚，海军陆战队就会给你终生的荣誉！"忠诚的人，总是能得到人们永恒的敬意与由衷的喜爱。一个丧失了忠诚的人，不仅丧失了机会、丧失了做人的尊严，更丧失了立足之本。只有忠诚的人，周围的人才会亲近他、信任他、承认他，敬重他。

责任带来勇气，责任承载忠诚。有责任心，才会把忠诚看成自己的责任。在生活中，处处都有责任的考验，不经意地捡起一张废纸是保护环境的责任，帮助体弱多病的老人和小孩是尊老爱幼的责任，替别人解决困难是助人为乐的责任。责任是社会的地基，没有它，高楼大厦在微风中就会轻易动摇。对自己负责，责任是严格的教官；对别人负责，责任是生命财产安全的保证；对国家负责，那是社会进步的条件；对工作负责，是我们赖以生存发展的平台。责任是不可丢失的使命，抛弃它，虽然感到了暂时的轻松，却丢失了一生的光彩，我们每个人只有富有责任心，勇于承担责任而不是推卸责任，才能战胜一次次突如其来的考验，最终实现自己的人生理想！

7. 责任收获业绩，平凡的岗位也能做出不平凡的事业

著名的管理大师彼德·德鲁克曾说："责任保证绩效。"这句话揭示了企业提高绩效的关键所在。要想提高绩效，首先需要执行者有强烈的责任感。如果一名员工不负责任、缺乏责任意识，那他就不会忧企业之忧，想企业所想，在执行过程中，也就无法落实自己的责任，无法取得应有的业绩，反而可能给企业带来损失。

某零售公司总经理在商贸市场视察的时候发现，本公司一名员工对前来购买东西的客人态度十分冷淡，客人提出质疑时，他还会发脾气，让前来询问的客人感到十分不满。

总经理很恼火，如果公司的员工都和这位一样，那公司的产品怎么可能卖得好。于是，他马上走过去告诉这位员工："你的责任就是为客人服务，让客人满意，并让客人再次光临，可你的行为却是在赶走客人。你这么做，不仅不负责任，而且还损害了企业的利益。我们不需要你这样的员工！"回公司以后，总经理立即指示人力资源部门辞退了这名员工。

业绩是指员工工作中取得的成绩、成就，是员工履行岗位责任的成果，也是员工在一定时间内工作目标的实现程度。一个员工在具体岗位上

做出与之相称的工作业绩是岗位职责的起码要求，因而业绩是衡量责任担当的重要指标。

责任感与绩效是成正比的。当责任感提高时，业绩也随之提高；反之，当责任感下降时，业绩也随之下降。因此，要提高工作绩效，首先要确保自己具有高度的责任感。

莱特是美国著名的建筑大师之一，他最为世人称道的作品也许要算坐落于日本东京、具有抗震功能的帝国饭店。这座建筑物使他位列当代世界一流建筑师之林。

1916年，日本小仓公爵率领一批随员代表日本政府前往美国礼聘莱特建一座不畏地震的建筑。莱特随团赴日，实地考察之后，他发现日本的地震是继剧震而来的波状运动，于是断定许多建筑物之所以倒塌实际上是因为地基过深、过厚。过深、过厚的地基会随着地壳移动，建筑物势必会坍塌。

他决定将地基筑得很浅，使之浮在泥海上面，从而使地震无从肆虐。他决定尽量利用那层深仅8英尺的土壤。他所设计的地基由许多水泥柱组成，柱子穿透土壤栖息在泥海上面，可是这种地基究竟能不能支持偌大一座建筑物呢？莱特用了一整年时间在地面遍击洞孔从事实验。根据各种测验结果，他算出了帝国饭店地基所需的水泥柱数，于是，大厦动工了。

1920年，帝国饭店正式完工。3年后，一次举世震骇的大地震突袭东京与横滨。当时莱特正在洛杉矶建造一批水泥住宅，闻讯坐卧不宁，等待着关于帝国饭店的消息。

一连数日毫无消息，直到10天之后，小仓公爵发来了一通电报！"帝国饭店安然无恙，从此成为阁下天才的纪念品。"帝国饭店在整个灾区中竟是唯一未受损害的房屋！

莱特由此成了著名的建筑大师。

现在的企业，以业绩为王，业绩代表一切，其实这是有道理的。一个员工业绩出众，至少说明他努力勤奋，认真负责，兢兢业业在做自己的工作，并且在拼尽全力把工作做好。负责的员工用行动证明：唯有不懈努力，才能保持良好的业绩纪录。

业绩是检验一切的标准，能创造良好业绩的员工是公司最宝贵的财富。一个企业要想长期发展，仅仅依靠员工的忠诚是不够的。缺少了业绩，尽忠一辈子也不会让企业有所发展。这份业绩，就是员工责任担当的体现。

有很多员工认为，自己在最普通的岗位上工作，再怎么负责又有什么用？又能做出什么业绩呢？这样的想法无疑是错误的。工作没有好坏，岗位不分大小，任何工作都有它非同一般的意义。不管在什么样的岗位上，做着什么样的工作，对工作的态度才是决定我们是否能做出业绩来的重要前提。工作的业绩与工作本身并没有关系。就像全国劳模时传祥，做的是掏厕所的工作，还有比这更普通和平凡的工作吗？因为一份对工作负责的精神和为人民奉献的意愿，他偏就在这样普通不过平凡不过的岗位上做出了伟大的事业。

最美好的履行职责的方式不是像在世人面前发布广告一样到处宣传，也不是遵循那些明哲保身的准则，而是默默地、在一种无人知晓的、秘而不宣的情况下，坚守工作，做好工作。列夫·托尔斯泰曾经说过："一个人若是没有热情，他将一事无成，而热情的基点正是责任心。"每个人学生时代学的知识可能遗忘，但责任心会陪伴着他的终生。对工作的责任心已经成为一个人前程的重要衡量标准。一个在工作中敢于负责、乐于负责、勇于负责的员工，他的业绩一定不会差。那些被我们引为楷模、在自己平凡又普通的岗位上干出了令人瞩目的成绩的优秀员工，就是对业绩和责任关系的最好证明。

许振超，1974年到青岛港当码头工人，练就了"一钩准""一钩净""无声响操作"等绝活。当上桥吊队队长后，他带领团队先后六次打破集装箱装卸世界纪录，吸引了全球各大船运公司纷纷在青岛港上航线、换大船，使青岛港集装箱吞吐量逼近世界

前十强。

李斌，1980年到上海液压泵厂当操作工人，十多年来钻研并运用数控加工和编程技术，成功改进、开发了17台进口数控机床的加工功能，产品攻关50多项，创造了2000多万元的经济效益。

孔祥瑞，在天津港码头从一个原本只有初中文化的工人成为现在拥有150项大大小小的发明和创新成果、为企业创造效益8000万元的高级技师。

王洪军，也是从普通工人干起，成为一汽大众的高级技工，发明了一套系统的"王洪军轿车钣金快速修复法"，并以此荣获国家科技进步二等奖，成为登上国家最高科技领奖台的全国一线工人第一人。

窦铁成，从一名只有初中文化的普通工人，成为了中铁一局理论功底扎实、技术过硬的明星电力专家。他先后解决重大技术难题52项，排除各类重大故障310次，参加多条铁路建设，累计为国家节约和创造价值1380多万元；他还为企业培养年青人才，被大家尊称为"工人教授"。

邓建军，中专毕业进入常州黑牡丹集团当普通技工，从维护设备到技术改造，他钻研探索的步伐始终不停。邓建军也从一名普通技工成长为主任工程师、技术总监。2012年，他主持的"低碳节水型牛仔纱线清洁染色关键技术研发"项目，不仅实现了牛仔纱线生产节水、节能，还能让单调的蓝黑色牛仔"变身"绚丽时尚的"糖果色""彩虹系"，该技术达到国际先进水平。以技术创新赢得未来，是邓建军不变的初心。参加工作以来，他参与公司技术创新项目近500个，其中，独立完成150个，给企业创造3000多万元的经济效益。

包起帆，从一名装卸工成长为在港口生产第一线做出重要创新的专家，他开辟了我国首条内贸标准集装箱航线，建成了我国第一个集装箱自动化无人堆场，开通了世界上第一条带有集装箱电子标签的商业运营集装箱班轮示范航线，与同事们共同完成了120多项技术创新项目，在第九十五届巴黎国际发明博览会上独揽4项金奖，成为105年来一次获得该展会奖项最多的人。

他们都是平凡岗位上的平凡员工，却在自己平凡的岗位上做出了不平凡的业绩。这一切，都是因为责任。责任在心，鞭策着他们兢兢业业为工作努力，责任在肩，激励着他们努力奉献，让平凡的岗位闪出了光芒。他们是一群普通人，但岗位的坚守却不普通；他们的工作很平凡，但每日的付出却不平凡。责任心会让平凡的工作变得伟大，只要我们以高度的责任心对待自己的工作，再平凡的工作都会变得不平凡。

8. 责任促进团结，责任心强的团队更出色

"团队"的概念在1994年由斯蒂芬·罗宾斯提出。在随后的几十年，关于"团队合作"的理念，风靡全球。企业在招贤纳良时，"团队精神"被作为一项十分重要的条件。而且，工作中无数鲜活的例子，也印证了团队合作所形成的那股强大而持久的力量。而"责任心"便是团队合作的核心。合作的成功与否，也都取决于团队中每个成员的责任意识。

企业就像一部大机器，企业中的每一个员工就像这部大机器上的一个个零件，机器的正常运转需要的是每一个零件都功能到位。要是有哪一个零件发生问题，势必导致整个机器的运转出现问题，甚至停工。所以，团队里的每一个人，都要意识到自己的岗位责任，担负起自己的岗位责任，这样才能保证企业这部机器的正常运转。

为了提高组织执行力，这几年许多有一定规模的民营企业开

始寻找职业经理人，一些曾在美国通用电气公司工作过的经理人就顺应潮流加入了这些民营企业。结果如何呢？他们中的很多人不到半年就主动离职了。原因很多，但其中一个普遍的原因是，他们认为浙江企业组织成员的团队精神太差，无法形成有效的组织执行力。

有一个离职的职业经理人事后深有感触地说："你简直无法想象那里的部门协调性是多么差，每个人都是站在自己的立场去考虑问题，习惯了原来公司的各部门为同一个目标共同努力的环境，我在浙江的企业里实在是无法忍受。"

企业或者团队是一个整体，企业的战略计划最终要靠所有的成员来实现，而不是仅仅靠一两个人的力量。相对具体、更加清晰的运营计划，更是要分解到各个部门，甚至是每一个人来执行完成的。公司的每一位员工，既是一个相对独立的个体，执行计划时必须对自己的工作负责，又是公司团队的一员，不管做什么，都要对团队负责。只有人人负责，个个尽责，团队的效率才高，工作运行才顺畅。

要使团队的合力达到最大，需要每一个团队成员高度的责任心作为前提。没有责任心的团队是不可能强大的，团队中每一个人都有较强的责任心，都能切切实实负起自己的责任，那么这样的团队必然是无往而不胜的。

大雁常常会排成Ｖ字形飞行。为什么是Ｖ字形呢？因为每一只大雁在振翅飞行时，都会激荡起周围的空气，而这对于紧跟在它后面的同伴是非常有利的。据科学测算，成群的大雁以Ｖ字形飞行，比一只大雁单独飞行能多飞12％的距离。因此，大雁会排成Ｖ字长队，彼此借力。但是，为首的大雁因为前面没有同伴就不能省力。如果头雁疲倦了，它会飞到侧翼，由另一只大雁飞到前面充当领队。后面的大雁用叫声鼓励前面的同伴继续保持速度，以此形成互惠互利的合作局面。

> 非洲草原三只瘦弱矮小的鬣狗能把一匹高大的斑马扑倒并分吃掉，就因为小鬣狗们深明合作起来力量大的道理：一只鬣狗咬住斑马的尾巴，任凭斑马如何甩动尾巴，也死死咬住不放；一只鬣狗咬住斑马的耳朵，任凭斑马如何摇头，也决不松口；一只稍显强壮的鬣狗咬住斑马的一条腿，任凭斑马如何踢腾，一点也不懈怠。在三只鬣狗的齐心攻击下，"庞然大物"斑马终于体力不支瘫倒在地，成为三只鬣狗的盘中餐。

可以看出，如果不是团队里的每一个成员都有责任心，担起自己的责任，坚守自己的岗位，自觉自愿为团队作贡献，雁群飞不了那么远，鬣狗也难以在弱肉强食的非洲大草原上活下来。

人具有社会属性，比动物更明白合作的力量，也比动物更需要合作，当然也会更明白责任对于团队的意义。团队时代，个人主义已经是远古时代的烟云，早已不适应现代社会，一个人打赢一场战争的时代早已一去不返。作为个体，你可能会凭借自己的才能取得一定的成绩，但仍无法达到融入团队后收获的业绩。只有善于合作，把自己融入到整个团队当中，依靠集体的力量，才能把个人不能完成的工作任务完成。

就像大雁一样，那些具有共同目标与集体意识的人是可以更快、更容易达到目标的，因为他们会凭借彼此的推动力不断前进。如果我们能有像大雁一样的合作素质，我们就会与那些和我们有同样目标的人留在同一个队列里，彼此合作，共同成就未来。

> 小孟是一个业务员，他的销售技能和业务关系都非常好，因此他的业绩在全公司里是最好的。取得成绩以后，他就开始对别人指手划脚了，尤其是对那些客户服务人员。
>
> 本来这些客户服务人员非常支持小孟的工作，只要是他的客户打来电话，客服就会马上进行售后服务。但是由于小孟动辄说"我给你们的饭碗，没有我你们都要饿死"，要不然就是说这些客服人员服务不好，他的客户向他投诉等等。于是客服人员开始通

过行动来与小孟对抗。

后来，凡是小孟的客户打来的电话，客户服务人员都一拖再拖。最后，这些客户打电话给小孟，并把怒火发到他的身上。由于后续服务不到位，小孟的续单率非常低，原来的客户也都让其他业务员抢走了。

....

一个员工的成功肯定有他自己的因素，但绝对不能离开企业团队的配合。如果不懂得这个道理，再有能力的人也不可能取得成功。

有的员工认为，照顾团队的利益，自己的工作就要受到影响，也就是说，要对团队负责，就不能对自己负责。在这种思想的支配下，执行任务时各行其是，拒绝协作，眼看着同事需要帮助，却置之不理，当同事求助时，又装出一副爱莫能助的样子。这种思想蔓延到一个部门，就是各自为政，推诿、扯皮，甚至牵制对方。使得团队本来行驶在一条宽阔的大道上，结果硬是挤到了一条羊肠小道上，甚至逼到了悬崖边上。而员工还自认为这是对自己的工作、自己的岗位负责。

这样的"责任心"未免狭隘了。对团队负责，其实也是对自己负责，甚至可以说，只有对团队负责，才是对自己负责。为什么？因为自己是团队中的一员，责任心更体现在服从大局，以团队利益为重上。把自己当作英雄，认为仅靠自己的能力就能全面决定一个项目，是自以为是；只顾自己的私心，认为为了团队就损害了自己的利益，是一种无知。认识不到自己的工作是团队工作的一部分，我行我素，从不肯对团队负责，不愿站在团队的角度想想自己的工作应该怎样做。这样只会影响团队的执行力，导致效率低下。每个人出力不小，却成效甚微。这正如两个人拉车，都使出了浑身的力气，但是方向恰好相反，车又怎么会前行呢？

实际上，对团队负责和对自己负责并不矛盾。一个人只有对团队负责，才能保证自己的工作与团队的工作方向不相违背，才不会为了个人利益而拉团队的后腿，才不会做无用功、费力不少却对公司没一点用处。如果你完成一项工作后，对于公司整个计划起不到促进作用，甚至因为你而影响到组织执行力的发挥，那称得上是对自己的工作负责吗？显然不是，应该是失职。所以，对团队负责就是对自己负责，两者是相辅相成的关系。

　　有这样的责任心，才能有更好的合作。21世纪是团队合作的世纪，新的时代是一个团队至上的时代。在今天，无论你从事什么工作、处于什么环境，都无法脱离其他人对你的支持，团队合作素质也越来越为企业和个人所重视，因为在团队时代，合作才是时代的最强音，懂得合作的人才是更有可能成功的人，而勇于负责的团队才会更强大。

第三章
责任赢得成功，承担多大责任收获多大成功

责任就是机会，承担多大责任就能赢得多大成功。一个坚守职责、勇于担当，做任何事情都能尽职尽责、尽心尽力做到最好，把自己的责任完美地落实，任何时候都不推卸责任的人，会有更多的机会承担更大的责任，也会收获更多的成功。

> 赢在责任心
> 　　胜在执行力

1. 成功的人都是敢于负责的人

责任心是做好工作的必备品质，它让我们专注于工作，把工作做到最好，让我们的优点和长处在工作中淋漓尽致地发挥，同时也让自己得到最大收益。可以看到，那些成功者都是敢于负责的人。

在一次奥运会的马拉松比赛中，众多选手已经顺利完成了比赛，而坦桑尼亚选手艾克瓦里仍坚持着，吃力地跑进了奥运体育场。他是最后一名抵达终点的选手，而这场比赛的优胜者早就已经领了奖杯。此时艾克瓦里的双腿已经沾满血污，但他没有放弃，还是忍着伤痛，努力跑到了终点。有人好奇道："比赛不是早就结束了吗，你为什么还要跑到终点啊？"这位来自坦桑尼亚的年轻人轻声地回答说："我的国家送我来这里，不是只叫我起跑，而是派我来完成这场比赛的。"

艾克瓦里心中装的不是成败，而是肩上的责任！这是他的祖国希望他做到的结果，所以对艾克瓦里来说，"跑完比赛"是他努力的方向，是他必须完成的任务。尽管他不是马拉松比赛里跑得最快的选手，但因为他富有责任心，所以成为了最受瞩目的选手。他虽然没能为他的祖国争得名次，但他已经为自己打上了负责的标签，也用自己的实际行动为他的祖国树立起了负责任的形象！这就是他最大的成功。

责任是神圣的，责任是光辉的。责任是医生们身上那洁白的工作服，责任是战士们向人民敬的军礼，责任是父母乌黑的发渐渐变成一缕缕银丝，责任是学校教室里孩子们朗朗的读书声，责任是悬挂在我们头顶闪闪发光的国徽。

责任心是一种人生态度，是一种价值追求，更是一种义务。人生只有一种追求，就是对责任心的追求，就是要清楚地明白什么是责任，并自觉、认真地履行社会责任和参加社会活动，把责任转化到行动中去。实践证明，富有责任心的人无论承担哪一种工作任务，都比那些没有责任心的人更容易去落实，从而取得成功。因为一个人的工作态度在很大程度上能反映出他担负责任的能力，一个人对待工作的责任心也时刻折射着他的人生态度，而人生态度正是决定一个人一生成就的关键所在。

惠普公司前前董事会主席兼首席执行官卡莉·菲奥莉娜，从斯坦福大学毕业以后，由于初入职场，找工作一直不顺利，找到的工作也大多不起眼，于是父母建议她继续上学。经过再三考虑，她果断放弃了父母给她计划好的法学生涯，从加州大学洛杉矶分校的法学院退学，开始了职场征途。

和大多数人一样，卡莉当时对生活并没有任何计划，而且身无分文，盲目地关注招聘广告。当时，作为学历史和哲学的大学毕业生并不好找工作，哪怕只是一份能养活自己的工作，也是难上加难。但是卡莉·菲奥莉娜非但没有放弃，反而更坚定了找工作的念头。一段时间后，当一家房地产经纪公司给了她面试机会时，卡莉欣喜若狂。由于她在面试前做了充足的准备，所以，她顺利地通过了面试，成为这家房地产经纪公司的一名员工。

虽然找到了工作，但卡莉·菲奥莉娜的工作平凡得不值一提，就是在公司前台负责迎来送往、接电话、转电话外加打字。这样的工作，说她是秘书也行，是助理也行，或者说是接待员也行。总之，公司任何同事都可以传唤她。但是卡莉并不觉得这份工作不好，相反，她很珍惜这份工作，而且以高度的责任心、竭尽全力做好这份工作。不论什么样的事情，只要她经手，必然会让人觉得圆满，哪怕就是最简单的迎送客人、端茶递水，卡莉来做，就会让人如沐春风，舒适异常。卡莉用心从最细微的地方体会客人的心思，并尽最大努力给客人最好的服务。她认为这是对工作负责，更是对自己负责。

正是这第一份工作给她带来了深远的影响，卡莉认为这份工作奠定了她的职业观。多年后，她在回忆这份工作时说道："我对这份工作全情投入，高度负责，因为当时觉得能拥有一份工作已经让我感到非常满足了。"正是这份平凡的工作，让她在与各种人的周旋中，增加了阅历，扩展了她与人打交道的能力，更重要的是让她懂得了工作的精髓——责任心，这为她后来做其他工作打下了坚实的基础。

因为高度的责任心，之后卡莉不管做什么工作，都全心付出，尽职尽责，让工作尽善尽美，这让她的职场之路一路顺利。1999年7月底，她出任惠普公司首席执行官，成为商界最成功女性之一，连续六年被美国《财富》杂志封为"全球最有影响力的女性"。

责任让人伟大，责任造就成功。许多成功的人都是对自己、对工作高度负责的人。责任是工作的导向，有责任感的员工，才能更好地为企业、为自己创造价值，最终收获成功。

改变职场命运，首先要从负责开始。责任是做好一切工作的保证。任何一名员工，只要愿意为企业的利益着想，对自己的所作所为负起责任，并且持续不断地寻找解决问题的方法，就会成为所在企业的主人。只有那些勇于承担责任的人，才有可能被赋予更多的使命。在担负起责任的同时，也为自己积淀着成功的基础。

一个人只要有认真负责的态度，就会随时保持紧迫感，经常反思自己是否做好了分内的事情，经常思考改进、完善工作的方法。海尔的一位员工这样说过："我会随时把我听到的、看到的对我们海尔公司产品的意见记下来，无论是在朋友的聚会上，还是走在街上听陌生人说话。因为作为一名员工，我有责任让我们的产品更好，有责任让我们的企业更成熟、更完善。"这就是海尔人的责任意识，这就是海尔的产品能够畅销全球的"核心"秘密。因此，在工作中，只要负责去做，我们肯定可以做得更好！

决定事业成败的关键不是学历、背景、资历和经验，而是你的责任心。只有随时保持高度的责任心，带着责任意识去工作，才能把工作做到最好。所以，真正聪明的人，对于责任的理解会更深刻，更独特，也能把责任的位置摆得更正。目光短浅的人看到的是付出、是限制，目光长远的人则看到的是前途、是成长。

当我们对工作负责时，最大的受益者是自己；当我们对工作敷衍了事，最大的受害者也必定是自己。只有用心负责工作，把自己和工作融合在一起，像爱自己的家人一样爱工作，像爱自己的生命一样爱岗位，真正去享受工作的快乐，才能最终实现自己人生的价值。因此，不管做什么样的工作，不管在什么样的岗位，无论是大事还是小事，我们都应该随时保持高度的责任心。带着责任意识去工作，我们就会把握住机会，获得上司的青睐，成为企业最需要的员工，成为社会最需要的人，也成就自己灿烂的人生。

2. 强者正视责任，弱者逃避责任

勇于担当责任的人，也是勇敢坚强的人，是敢于面对一切困难和挫折的人。而不敢担责、遇到责任就避之不及、寻找借口、意图推托的人，大多是能力欠缺、畏惧困难的弱者。因为强者正视责任，只有弱者才会逃避责任。

美国总统奥巴马在他的就职演说中说："在这个时代不要逃避责任，而是要拥抱责任。"责任感是人生的一种追求，责任是对自己所负使命的忠诚和守信；责任感是让自己工作出色完成的动力。任何时候，我们都不能放弃肩上的责任感，扛着它，就是扛着自己对生命的信念。责任的存在，是上天留给世人的一种考验，有些人通不过这场考验，逃走了。许多人承受了，自己戴上了桂冠。

在开发笔记本产品方面，三星比索尼晚很多年。然而，三星却后来者居上，新产品不断涌向市场，而索尼的新产品却是"千呼万唤始出来"。

最初，索尼公司生产出来的笔记本，外形精致，款式新颖，因此上市后深得消费者的青睐。于是，眼红的三星也决定开发笔记本电脑。当然，三星的领导层知道，要想抢占索尼的市场份额，自己生产出来的产品与索尼相比一定要有优势。

经过市场调查，三星决定开发出比索尼公司同类产品"至少薄1厘米"的新款笔记本电脑。不过，这个高标准被大多数高层人员认为是天方夜谭。但是三星的研发人员经过10多次反反复复的实验，还是实现了这个看似不可能完成的目标。

当时是公司里主攻技术创新的陈大济主管这项艰巨的任务。正逢全球经济不景气，其他企业纷纷缩减研发经费，三星也曾有意放弃。但陈大济和研发团队没有退缩，而是把研发成功当成自己的责任，勇敢地承担起来，并没有因为"这是不可能完成的任务"而放弃努力。因为他们知道，他们的责任就是生产出更好的产品，只有实现了比索尼产品"至少薄1厘米"的目标，三星笔记本电脑才会有更大的市场空间，三星也才会越来越强大。强烈的责任心使技术人员不断开拓创新，积极探索，没日没夜地研究试验。终于，他们的心血没有白费，最终攻克了技术难关，成功实现了在别人看来不可能实现的目标。

三星笔记本电脑上市后，全球最大的计算机公司戴尔大吃一惊，看到如此精良的产品，戴尔公司急忙派人到三星采购。由此，三星顺利地从戴尔手中得到了60亿美元的采购合同，三星一下成为全球制造高端笔记本最强大的企业之一。

人们常说责任重于泰山。从某种意义上讲，责任感已经成为人的立足之本，也是成功之本。有的人生怕担责，一遇到要负责的工作就避之不及。这样的人其实是限制了自己的成长。因为担心自己犯了错误，而不被重用就逃避责任，是很愚蠢的行为。大部分老板不会因为员工犯了错误而不再重用他，将他打入冷宫。如果这个人是有担当，敢于承认错误的人，老板反而会重用他。

"我已经为这个错误买单了，员工也接受了教训，我干嘛要换人呢?"一位老板曾这样说。在老板眼里，错误也是一种成本，或是一种投资，是企业付出的代价。如果代价付出后，员工没有吸取教训，反而因为害怕惩罚而推卸责任，这样的人老板怎么敢再拿他去冒险?

任何人都不可能做到完全不犯错。但是，犯错后，借口不是橡皮擦。纵然你有一万种理由来证明你的错误是可以被原谅的，但是，错了就是错了。结果是不会改变的，由此而造成的损失也已成既定事实。

一位银行的业务主管曾说过："我希望下属有承担错误的勇气，我不会因为犯了小错就改变对他的看法，但我看重一个人面对错误的态度。"这句话代表着绝大部分上司的观点。

人非圣贤，孰能无过。在团队合作中，勇于承担责任，挑起属于自己的担子，已经造成的损失不仅不会成为职业发展中的障碍，反而会成为继续前进的助推器。一个人如果只是顾全面子，或是为了一时的利益而向团队推卸责任，最后吃亏的只能是自己。古今中外，最后能成就一番伟业、有所建树的人，都是敢于承担责任的人。

工作就意味着责任，找借口的实质就是推卸责任。在合作中，遇到困难在所难免。但责任不明，相互推诿会毁掉整个团队。同样，因为责任心不强，企图用各种借口掩盖自己的失败，也会给人不自信、能力不足的感觉，从而失去更多锻炼自己和提升自己的机会。要想赢得老板和上司的信任，首先从不找借口、不推诿责任开始。

....

成都市高新区金泰建材厂刘瑾，驾驶一辆微型面包车，途经成都三环路成绵立交桥时，不慎撞在立交桥的反光胶上。当时事故现场没有交警，而且也不是什么大的事故，在很多人看来，她大可以一走了之。但刘瑾不顾自己的伤痛，拨打了122寻找三环路的管理者，查询了几十个电话，在没有结果的情况下，她又拨打了成都市长的公开电话，才找到了建设并暂时管理三环路的单位成都市干道建设指挥部。最后，她主动缴纳了赔偿金。

责任感是人走向社会的关键品质，是一个人在社会上立足的重要资本。刘瑾在犯错误后，主动报警并赔偿。这种责任感让我们感动，也让我们敬佩。首先，刘瑾的心灵是高尚的，有敢于承担责任的勇气，体现了诚实守信的公民道德意识；其次，她认为做错了事就负责到底，不认为是给自己找麻烦，反而积极寻找管理单位。这无疑是一种良好的道德修养，也正是我们这个社会文明进步的一种体现。

一个有责任感的员工，不会为失败找理由，因为他敢于承担责任；不为错误找借口，因为他善于承担责任；不为公司添麻烦，因为他乐于承担责任！而一个缺乏责任感的员工，首先会失去社会对自己的基本认可，其次会失去别人对自己的信任与尊重。一个企业更是如此。敢于担当的企业才能基业长青，只会逃避责任的企业，是长远不了的。

三鹿就是一个例子。2008年6月28日，位于兰州市的解放军第一医院收治了首例患"肾结石"病症的婴幼儿，据家长们反映，孩子从出生起就一直食用河北石家庄三鹿集团所产的三鹿婴幼儿奶粉。7月中旬，甘肃省卫生厅接到医院婴儿泌尿结石病例报告后，随即展开了调查，并报告卫生部。随后短短两个多月，该医院收治的患婴人数就迅速扩大到14名。此后，全国陆续报道因食用三鹿乳制品而发生不良反应的病例一度达几百例，事态严重！

保障婴儿健康安全是奶粉业最起码的道德底线和生产准则，但三鹿奶粉的生产商为了追求利润，罔顾婴儿生命安全，为了质检达标，他们在奶中肆意掺入有害物质三聚氰胺！事情曝光后全国震惊，三鹿集团的领导人不仅没有及时纠正错误，还企图封锁消息，无望后，又将罪名推卸给奶农以求脱身。虽然三鹿原董事长田文华被判无期徒刑，曾高居中国乳业第一名的三鹿集团以破产告终，但是三鹿造成的震荡让消费者对民族乳业的信心受到沉重打击，也给因三鹿奶粉致病的婴幼儿家庭带来了巨大的痛苦。

弱者才会逃避责任，而任何推卸和逃避，从根本上来说，短时期内有可能蒙混过关，但长此以往，这样的侥幸和投机必将败露，最终还是会受到严厉的惩罚。当然，我们在工作中一般不会犯下三鹿这般如此严重的错误。但"人非圣贤，孰能无过"。面对错误，负起责任，才能超越错误，得到成长。在充满挫折的人生道路上，勇于负责，面对现实，凝聚力量，这样我们的未来才会更加灿烂光明。

只有正视责任，并且愿意不断努力，才能获得成就。而逃避责任、推脱责任只会让自己陷入逃避的死胡同，难以成功。做敢于担当的强者，还是做逃避责任的弱者，全在于自己。不过选择决定结果，选择什么样的路，就会承担什么样的结果。

3. 不负责任的人生，代价惊人

一个人无论能力高低，只要具有高度的责任心，能够认真负责地做好本职工作，就是企业需要的人才。工作的完美程度与责任心相关联。因此，我们必须树立一种正确、积极的工作观，以认真和负责的态度去对待自己的工作。一个人的工作态度折射着人生态度，而人生态度又决定一生的成就。敢于负责的人会一直前行，直达山顶；而不负责任的人，会付出惊人的代价。

> 赢在责任心
> 胜在执行力

一位火车调度员因为细节上的责任缺失，导致了一起严重的火车相撞事故。因为亲眼目睹了事故现场，这位调度员发了疯。

当时这位调度员值晚班，一场暴风雨不期而至，火车晚点了。有一列火车发动机的气缸盖被风吹掉了，不得不临时停车，而另外一辆快速列车又不得不拐道，几分钟后要从这一条铁轨上驶过。此时调度员应该立即作出反应并迅速通知轨道上的其他车辆，临时调整线路，以防撞车事故。但这位调度员却只看了一下时间，按照经验判定这会儿轨道上并没有车辆，并没有发出通知。

哪知道由于暴风雨的影响，另外一条线上的列车也迫不得已改道，因为只有这条线上没有通知回避且这个时间段这条线上并没有其他车运行，于是司机把火车开上了这条轨道。就这样，两辆快速列车的车头撞到了一起，受伤乘客的嘶喊声与蒸汽泄漏的咝咝声混杂在了一起……调度员看到伤亡的惨相，完全失去了理智。因为自己一时的不负责任，居然带来如此严重的后果，他的自责使他难以承受，最终发了疯！

不负责任的人生，代价惊人！它不仅会让一个人疯掉傻掉，还会让更多的人家破人亡，人生尽毁！那许许多多因为不负责任而导致的事故就是最好的明证！而不负责任者本人，同样受到了严厉的惩罚。

2014年7月18日17时，长沙大承化工有限公司负责人周添委托其朋友刘斌驾驶轻型货车从新鸿胜公司土桥仓库充装6.52吨乙醇，运往武冈县湖南湛大泰康药业有限公司。2014年7月19日2时57分，刘斌驾驶该车由东往西行驶至沪昆高速公路1309公里33米路段时，与前方排队等候通行的大客车发生追尾碰撞，致轻型货车运载的乙醇瞬间大量泄漏起火燃烧，致使大客车、轻型货车等5辆车被烧毁，造成54人死亡，6人受伤（其中4人因伤势过重医治无效死亡），直接经济损失5300余万元。而相关责任人均被追究刑事责任,他们的人生也因自己的玩忽职守而全部改变,一应相关责任人都受到了法律的惩罚,将在高墙中度过一段悔恨的人生。

不负责任,代价惊人!这起事故不仅毁掉了54个家庭,损失了5000多万元的财产,还有驾驶员自己的人生!

责任是天赋的职责和使命,责任不容推托,责任更不可逃避、不能轻视。玩忽职守、不负责任,必然会让自己付出惨痛的代价。责任不可推托,更不可忽视。在其岗就要负其责,自己的责任就要勇敢地担起来,把自己的责任尽到,把自己的工作做好,不让责任有任何遗漏,才会让人生没有半点遗憾。否则,只会让自己痛悔不及。所以,不管你在干什么,不管你在什么样的岗位上,先负起责任来!

4. 责任等于机会,敢担责任才能担当大任

从某种程度上讲,责任就是机会,拥抱责任就是拥抱机会。机会往往垂青于敢于承担责任的人,而那些常找借口的人在推卸责任的同时也错过了许多机会。

现实生活中有很多人抱怨机会总是垂青他人,而自己总是缺乏成功的机会。事实上,机会存在于每一个人的身边。之所以很多人以机会太少为借口,是因为他们没有认识到责任就是机会。见到责任就躲,结果把机会也躲掉了。因此,当你觉得自己缺少机会或职业道路不顺畅时,不要抱怨他人,而应该问问自己是否承担了责任。很多成功者都是从负责开始,为自己赢得了更多的成功机会。

赢在责任心 胜在执行力

有一个犹太人，接到美国芝加哥一个公司3万副刀叉餐具的订货单，双方商定的交货日期是9月1日。这个商人必须在8月1日从本港运出货物，才能在9月1日如期交货。

但是，由于一些意外事故，商人没能在8月1日赶制出3万副刀叉餐具。这位犹太商人陷入了困境，但他丝毫没有想到，要给对方写封情真意切的信，要求延期交货并表示歉意，因为这本身就是违背契约，不符合犹太商法，并且也是逃避责任的做法。于是，这位犹太商人花巨资租用飞机送货，3万副刀叉如期交货。为此，这位犹太商人损失了1万美元。

但是接下来，他又接到了4张十万副刀叉的订单，因为好几家商户都知道了他宁愿亏损也要负责的态度，决定把生意都交给他来做。

有一句谚语："通往失败的路上，处处是错失了的机会。坐待幸运从前门进来的人，往往忽略了幸运也会从后窗进来。"责任就是机会，积极负责、勇于担责，机会就在责任的后面等你。

我们常听人说："成功的机遇总是不光顾我！""我要睁大眼睛努力去寻找机遇。"在大家的描述中，机遇是一个神奇的东西，我们似乎根本无法把握，但又常常会在一个意想不到的时候出现。其实，每一项任务都是一次机遇。接到任务，你首先要问的是：自己从中学到什么新的知识，积累到什么新的经验，这是不是一项挑战，自己是不是要积聚起更大的勇气，更加精力充沛地去迎接挑战？

机遇对任何人都是平等的，能不能抓住它，主动权在每个人手里。有责任感的员工从不怨天尤人，他们只知道尽自己所能迈步向前。他们更不会等待别人的援助，而是自助。记住，当你学会承担责任的时候，机遇也就把握在你手中了。

在宝钢运输部汽车电器维修间，有一位5年内获得40项国家专利、闻名上海的"工人发明家"他叫孔利明,是汽车电器高级技师,也是全国"十佳杰出职工"。

1984年,孔利明从上海运输一厂调到宝钢集团,当起了汽车维修电工。面对一辆辆进口车,本以为是"专业对口"的孔利明自知不足,便孜孜不倦地学习科技知识。宝钢厂区几百辆小至15吨,大到120吨的专用汽车大多是整车从日、美、德、意、韩等国引进的,最令人感到头疼的问题,就是备件国产化。宝钢投产前夕,孔利明就在国产蓄电池能否替代进口的问题上同日本专家展开了一场争论。日本专家认为:中国产蓄电池不能在进口车上使用,必须从日方进口。在调试引进可控硅蓄电池快速充电机时,日方专家未把现场的孔利明放在眼里,只让他干些杂活。他不服这个理,要为中国工人争口气。他暗暗收集国内外蓄电池资料,提出了进口车辆与国产蓄电池使用搭接的一整套方案。实施后,第一年就为宝钢节省外汇15万美元,推翻了日方专家的结论。这一成功,解决了当时众多进口车辆蓄电池国产化问题。

在工作中,孔利明经常考虑:搞技术改进创新,是不是一定要花大价钱?能不能不花钱或少花钱而达到同样的目的呢?

1993年,"日野"载重车的启动马达被国产替代的离合器片粉末堵死,大量烧坏。面对一个价值1万多元,堆成小山似的报废启动马达,孔利明看在眼里,急在心头,满脑子尽是一只只冒烟的马达。不能眼看着离合器片国产化方案流产,他决意要攻下这个新课题,可他先后设计20多个方案都不行。有一天孩子说要吃"面疙瘩",妻子叫孔利明去买点面粉,谁知装面粉的塑料袋被自行车扎了个洞,面粉唑唑地往外流,孔利明一看,顿时喜从中来,解决问题的方案找到了,他顾不上堵一下洞口,飞快地赶回家,放下仅剩着一丁点面粉的空塑料袋,直奔实验室。第二天,他在马达上开了一个小洞,没花一分钱,就解决了启动马达容易被烧坏的问题,离合器片国产化也顺利推行。这次改进当年为宝钢节支148万元人民币。接着他又进行了十几项备件国产化的替代，为宝钢节支95万元人民币。

1997年，宝钢唯一的一台从美国引进的福特特种罐车的电加热系统损坏，无法正常操作，而电加热系统又是该车消除结晶必不可少的设备。当时国内尚无特约维修站，也无备件更换，按常规应请美国专家前来指导修理，解剖罐体，更换备件。但是工程巨大，时间等不起。紧急关头，孔利明挺身而出，勇挑这副重担。经过多次实验，终于不辜负领导的期望，设计出一套电隔离保护加热装置，使电热器件寿命大大延长，也为企业避免了一大笔损失。

多年来，孔利明以高度的责任感从事每一项工作任务，多次获得发明中国专利新技术、新产品博览会"金奖"。无论所获专利数还是专利得奖数，在宝钢都是第一的。

机会在哪里？机会就蕴藏在责任之中。人们经常谈论"机遇"二字，总有人抱怨"机遇"与自己无缘。然而，孔利明却以一种独特的创新思维去认识机遇，他说："机遇不会自己找上门来，而是要去找去悟。其实机遇很多，困难也是机遇，困难逼着你去学习，去追求新知识，寻求新方法。"责任就等于机会，承担责任的人不一定马上会见到成效，但终会得到回报。具有责任感而努力工作的员工每时每刻都在把握着属于自己的机会，希望我们每个人都能深刻认识到这一点，并反思一下自己是否因不敢承担责任而导致了许多大好机会的流失。越以高度的责任心来对待工作，自己的机会也就会越多。

查利·贝尔是麦当劳的首位澳大利亚老板，担任总裁的时候年仅43岁，而他的职业生涯始于15岁。贝尔的家境不太富裕，许多同学都有钱购买文具和日用品，他却没有。1976年，贝尔无奈之中走进了这家麦当劳店。作为学生，他从没想过在那里发展，只想打工挣点零用钱。

经过简单的面试，贝尔被录用了，工作是打扫厕所。虽说扫厕所的活儿又脏又累，贝尔却干得踏踏实实。他眼里有活儿，常常是扫完厕所，接着就擦地板；地板干净了，又去帮着翻翻烘烤中的汉堡包。一件接一件，他细心学，认真做。

当时的老板彼得·里奇看着这个勤奋的少年，心中暗暗喜欢。没多久，里奇说服贝尔签署了员工培训协议，把贝尔引向正规职业培训。培训结束后，里奇又把贝尔放在店内各个岗位"全面摔打"。经过几年锻炼，他全面掌握了麦当劳的生产、服务、管理等一系列工作。19岁那年，贝尔被任命为澳大利亚最年轻的麦当劳店面经理。

承担的责任越多，得到信任和重用的机会就越多，就越容易成功。可以说，勇于承担责任，是职场最大的机遇。所以，作为一名员工要有承担责任的胆量，既然工作给了你这个机遇，就要抓住，不要推脱。机遇对任何人都是公平的，关键要看我们是不是一个有心人。

机遇隐藏在每一份工作中。因此，你所能做的也必须做的就是在自己的岗位上兢兢业业、不断进取、全力付出。相信不久，机遇也会降临到你的身上。

5. 责任赢得信任，赢得和谐人际关系

责任不仅能赢得更多的机会，还会赢来更多的信任，为自己营造更和谐的人际关系，更宽广的人脉，这同样是成功的重要前提。在职场中，拥有良好的人际关系是职场人士的必备素质。因为良好的人际关系有利于营造良好、愉悦的工作氛围，使公司充满活力和生机，不仅提高了工作效

率，而且可让工作中的人心情舒畅。小托马斯·沃森曾经说过："没有任何事物能够代替良好的人际关系，以及这种关系所带来的高昂的士气和干劲。"而这种良好的人际关系是建立在人人负责的基础上的。

有一个寓言，说的是在严寒的冬天里，一群人被困在野外。他们燃起一堆火，终于得到了温暖，烤得人浑身暖烘烘的。但是没有一个人去捡柴，大家都想：天这么冷，我绝不能离开火堆，不然我就会被冻死。当火越来越小，大家你推我搡都往前挤，最后一点余烬也被大家踏熄了。很快，这一群人全被冻死了。

另有一群人也点起了一堆火，一个人想：如果大家都只烤火不添柴，这火迟早会灭的，于是他主动去捡了柴火回来再烤火。在他的带领下，其他人也都自觉地去捡柴再回来烤火。大家还建立起了一个轮流取暖拾柴的制度，人人都参与捡柴，人人都有机会烤火。并且大家一致推选领头捡柴的人为执行监督者，大家相互合作，互相帮助，一团和气。火堆因得到足够的柴不住地燃烧，这一群人终于熬了过来，因为有持续的温暖得以活命。

和谐互助的工作环境和人际关系，不论在任何时候都是重要的。那些勇于承担责任的人，更容易赢得别人的信任和支持，工作也自然会做得更顺利。每一个相关的人都能履行自己的责任时，就能更有效地工作，而且同事们也会因为知道他人是负责的人，工作起来更安心，相互合作更高效。

这也是为什么很多企业在招聘员工时都会写上"工作责任心强"，把"有没有责任心"当作招聘员工的一个重要标准的原因。敢于负责、勇敢担责的员工总是更值得信任，也是企业愿意重用的人。

徐晓在一家电器销售公司做业务主管。由于业务不断拓展，公司需要建立一个网站，而建立网站要克服大量技术上的困难，网站的栏目和内容设置又牵涉到大量的商业问题。

老板为此深感忧虑，整天愁眉苦脸，到哪里去找既懂计算机技术又懂销售的人来负责呢？当他把这个想法告诉员工时，不少人都深知责任重大，找各种借口推掉了。

看到老板一筹莫展的样子，徐晓自告奋勇："让我试试吧。"他想，在业务方面，通过几年的实战，自己已经有了丰富的经验；技术上的问题可能会麻烦一点，但只要多看一些计算机方面的书籍，多了解一些网站制作的知识，自己就能够做好。

老板抱着试试看的想法同意了。接手之后，徐晓一边学习计算机知识，一边整理商业销售资料。不论遇到什么困难，只要不能解决，他就几天几夜不睡，非把它攻克不可。

虽然项目推进很慢，但是却在稳步前进。老板看到他那股拼劲儿，对他更加信任了，常常会关切地说："别着急，慢慢来。网站的一切事情你看着办，不必请示汇报，放手一搏吧！"经过一个多月的日夜奋战，网站终于建立起来，虽说不尽如人意，但公司总算有了自己的网站。老板对徐晓大加赞赏，并提升他做了公司的副总经理。

负责任的人更容易被其他人接受和认可，获得他人的信任，同时赢得自尊和自信。无论什么工作，一个人单枪匹马总是很难做好，而有了上司、同事以及周围人的配合，就会营造良好的工作氛围，容易形成团结互助、互相支持的合作关系，工作当然会更顺利。因为大家都会认为，负责的人让人放心，值得信赖，值得托付。在一个团队里，这样的人就是主心骨、工作的顶梁柱，有这样的员工在团队，整个团队的人都会觉得心里有底，什么事都不会惊慌。因为大家都知道，他是最后一道防线，有他在，放心！

中国人自古推崇责任、气节、操守，提倡做人立世，要对自己的人生负责。历史上从曾参的"士不可以不弘毅"，到李膺的"欲以天下致是非为己任"；从陈蕃的"澄清天下之志"，到顾炎武的"天下兴亡，匹夫有责"，都可以看到那种"为天地立心，为生民立命，为往圣继绝学，为万世开太平"的责任精神和人格力量，这样的人永远受人尊敬和爱戴。相反，一个没有责任心、做事马虎、遇事逃避的人，怎么让人信任和放心？

所以有责任心的人会得到更多信任，能拥有更和谐的人际关系，从而让工作更顺利。

勇于承担责任是一个人立足职场并做出成绩的基础和保障。一个企业就像一个大家庭，每个员工都有不同的工作岗位，同时也担负着不同的责任。如果你是一名员工，你就有责任去完成自己的本职工作，把工作做得尽善尽美，以自己的责任心赢得同事最大的信任和最多的支持；如果你是一名管理人员，那么你就要认真做好自己所分管的管理工作，让每一件事都井井有条、落实到人，从而让更多的人支持你的工作，做出更大的业绩；如果你是一名领导者，你就有责任带领员工把单位效益搞上去，提高职工的福利待遇，让企业发达兴旺，你也会得到所有员工的支持和爱护，赢得最多的尊敬，拥有最和谐的人际关系，企业当然也会发展得更好。勇担责任，才能做成事，做大事。

6. 在企业的成功中收获自己的成功

企业就像一条航行于大海中的船，而员工就是船员。企业要发展要前进，需要所有的船员（员工）全力以赴把船划向成功的彼岸，同时，企业的大船也会承载所有的船员（员工），一同驶向成功。

如果没有船，仅仅依靠个人的力量，是不可能泅渡大海，到达遥远的目的地的。只有大家齐心协力，在大船到达目的地的同时，自己也到达目的地！所以，员工要担起自己的责任，助力企业的成功，然后在企业的成功中收获自己的成功。只有企业成功了，个人才能够成功。企业和个人的关系就是：一荣俱荣，一损俱损。

周永应聘到一家培训机构，这家公司一直处于亏损状态，公司包括老总只有三个人。周永想，我既然来到了这个公司，就要为公司服务，只要大家努力，就一定可以使公司从困境中解脱出来。于是他主动找到老总，两人商量后觉得首先应该改变经营方向，因为一个培训机构的生命力在于其能否不断适应市场需求。他们决定除原来单一的即兴演讲培训外，再增加几个企业迫切需求的课题。结果新课题推出后，很受企业欢迎，公司也很快扭转了亏损局面。现在已发展成了有30多名员工的知名培训机构，而周永也成为了这家机构的领导。

付出总有回报，责任成就伟大！即使自己是一名普通的员工，也应该有主人翁意识，要知道大家同在一条船上，企业的生死存亡与每个人的利益息息相关。为企业奉献，助企业成功，是每一个员工义不容辞的责任。只有把企业的事当做自己的事来做，兢兢业业，认认真真，对企业负责，让企业兴旺，才是对自己负责，并且在企业的成功中收获自己的成功。

《华尔街日报》总编辑保罗·斯泰格尔（Paul E. Steiger）认为："企业的成功不仅仅意味着老板的成功，更意味着每个员工的成功。只有企业发展壮大了，你才能够有更大的发展。企业和你的关系就是'一荣俱荣，一损俱损'，不管最开始是你选择了这家企业，还是这家企业选择了你，你既然成为了这家企业的员工，就应该时时刻刻竭尽全力为企业做贡献，与企业共命运。企业就是你的家，要是家庭不幸，你也会遭遇不幸。"为此，任何一位企业家，都希望员工把公司当做自己的家，把公司当做自己的事业，把自己融入到公司中，勤勤恳恳地工作，和公司共同发展。这时，你要积极回应老板的要求，以公司为家，努力工作。因为除了极少数的人能直接创建自己的事业，大多数人都必须走一条相同的路，依托公司构建自己的职业生涯。只要你是公司的一员，就应当以公司为家，和公司荣辱与共。要抛开任何借口，投入自己的忠诚和责任感，全身心地融入公司，尽职尽责，处处为公司着想，理解公司面临的压力，以公司主人的态度去应对一切。公司成功之时，也就是自己的成功之日。

赢在责任心 胜在执行力

美国当地时间2014年9月19日，阿里巴巴在美国纽约证券交易所上市，敲钟瞬间，阿里巴巴杭州总部，阿里员工欢呼雀跃、激情拥抱。当天阿里巴巴开盘价92.7美元，总市值2383亿美元，超过100多个国家的GDP。

根据招股说明书估算，阿里巴巴董事长马云等30位阿里巴巴合伙人以及多位联合创始人，一夜成为超级亿万富豪，其中马云成为中国新首富。而他的第一副手、阿里巴巴副董事长蔡崇信，持有阿里巴巴3.6%的股份同样成为超级富豪。

阿里的众多持股员工也一步登天，特别是当初随马云一起打天下的"18罗汉"和合伙人制度实行后的30位合伙人，成为最大的个人受益者。

除了这些超级富翁外，阿里巴巴还有一万一千多名持股员工，同样化身千万富翁。

其实，在企业成功的同时造就自己成功的，并不只有阿里巴巴一家。此前百度上市创造了8位亿万富翁，50位千万富翁，240位百万富翁。毋庸置疑的是，阿里巴巴的上市将创下国内IT类上市公司最大规模的员工"造富"纪录。还有华为公司，也是企业与员工一起成功的典范。华为一直是员工持股，华为的每一分利润都有员工的一部分。

企业的成功就是员工的成功。你为企业添光彩，企业助你创辉煌！企业的发展离不开员工的贡献和艰苦付出，也体现企业成员同心同德的努力。员工的成功同样离不开企业的相帮相扶，企业给个人提供成长平台和发展空间，个人价值得以实现，企业成功的同时也助力了个人的成功。

是否共享人生出彩机会，关键在于是否拥有绚丽绽放的舞台。有舞台，无论在哪里，都值得珍惜。所以，多为企业付出一些，多努力认真一些，多担一些责任，和企业一起成长，最终收获的，将是和企业一同走向成功。

第四章
胜在执行,责任要落实关键在执行

　　有责任心就有了做好工作的前提和保障。但是,工作是需要去做的,仅仅有责任心远远不够,责任需要落实,因而执行力至关重要。有良好的执行力,才能真正把责任落实到位,让工作从此不同。

赢在责任心
胜在执行力

⏰ 1. 只说不做，永远没有成功的可能

俗话说："说一尺不如行一寸，心动不如行动。"很多人一直很疑惑，成功者与失败者之间的差别到底在哪里？其实，人与人之间在智力上的差异并不是很大。但是很多事情，每个人做的结果如何，却是千差万别的。

少空谈，多做事，能实干，能行动，是一个人品质、修养的体现。纵使说得再好听，谈得再动人，如果不通过行动证明一切，通过实干实现目标，也终将碌碌无为，一无所获。

老农的农田里，多年来横卧着一块大石头。这块石头碰断了老农的好几把犁头，还弄坏了他的农耕机。老农对此无可奈何，巨石成了他种田时挥之不去的心病。

一天，在又一把犁头被石头弄坏之后，老农终于下决心弄走巨石，了结这块心病。于是，他找来撬棍伸进巨石底下，却惊讶地发现，石头埋在地里并没有想象的那么深，稍微使点劲儿就可以把石头撬起来，再用大锤打碎，清出地里。老农脑海里闪过多年被巨石困扰的情景，再想到可以更早些把这桩头疼的事处理掉，不禁一脸苦笑。

在团队中，无论是领导还是普通员工，光能想出好的战略是不够的，只有把工作落实到行动上，才能得到你想要的结果。如果只有心动而没有行动，那么就永远都是"纸上谈兵"。

两个年轻人一同搭船到异国闯天下，他们下了码头后，看着

海上的豪华游艇从面前缓缓而过，两人都非常羡慕。甲对乙说："如果有一天我也能拥有这么一艘船，那该有多好。"乙说："是啊，真那样我们也算功成名就了。"

吃午饭的时间到了，他们都觉得肚子有些饿，两人四处看了看，发现有一个快餐车旁围了好多人，生意似乎不错。甲就对乙说："我们不如也来做快餐的生意吧！"乙说："嗯！这主意似乎是不错。可是你看旁边的咖啡厅生意也很好，不如再看看吧！"两人没有统一意见，于是就此各奔东西了。

甲决定做快餐生意，他选择一个不错的地点，把所有的钱投资做快餐，立即开业。他不断努力，经过8年的用心经营，已经拥有了很多家快餐连锁店，积累了一大笔钱财，他为自己买了一艘游艇，实现了他自己的梦想。

这一天，他驾着游艇出去游玩，发现一个人从远处走了过来，居然是当年与他一起闯天下的乙。甲兴奋极了，问乙："怎么样？这8年你都在做些什么？是不是功成名就了？"乙说："这8年间，我每时每刻都在想：我到底该做什么？我现在还没想好！"

光有远大的理想是不行的，如果迟迟不去行动，什么样的理想最终也只能成为空想。而行动才是成功的前提，任何伟大的计划，最终落实到行动上才能成就所谓的"伟大"。取得成功的唯一途径就是立刻行动，而不是一味地"心动"。一定要明白，只说不做，永远没有成功的可能。

行动往往能够表现出一个人敢于改变自我、实现自我的决心，同时也是一个人能力的证明。心里有了一种想法，不付诸行动而束之高阁，就永远都看不到胜利的曙光。

美国著名成功学大师马克·杰弗逊曾经说过："一次行动足以显示一个人的弱点和优点是什么，能够及时提醒此人尽快找到人生的突破口。"

工作当中，有些人总是抱怨老板不能发现自己的才能，其实，是他们自己没有将这种才能付诸行动。他们在"心动"的环节中浪费了太多的时间，却没有在实际工作中加以实施。

而那些聪明的职业人不仅会时时产生一些"聪明"的想法，而且还会将这种想法及时地在工作中加以运用。他们不会将时间浪费在做梦和犹豫中，而是一旦有了想法，就立即行动，这才是成功的关键所在。光有想法，只说不做，是绝无可能成功的。

有人说，一流的创意，没有执行也是空。因为这样的创意，也许已经有10000人想到了，有1000人正在策划方案，有100人已经着手行动，有10人已经接近成功，有1人已经成功！如果不及时去做，再好的创意也会立即被已经着手的人实现，而只有扎扎实实去做，才是成功之道。想法一般，只要去做，做出成果，也同样会获得成功。

> 比如携程网就并非赢在创意，而是赢在了执行力。携程网的业务内容是代理机票+酒店，操作方式是呼叫中心+网络。这种模式并不新鲜，早在1999年以前，这种模式在很多国家都很成熟，比如美国和泰国。泰国的agora至今仍是这个领域里的亚洲第一。沈南鹏、季琦、梁建章、范敏四个人只不过是把当时国外成熟的这种模式搬回中国来做了，创意并不新鲜，甚至说没有创意。但他们用最简单的方法开始干起来，就成功了。因为那个时候，全中国只有他们在做这件事情，只有他们在执行。因而他们赢得了成功。

可见成功并不需要万事俱备，也并非需要惊天动地的创意，最关键的是执行。很多巨富赢就赢在执行，赢在别人都还在想的时候，他们已经开始做了，并最终取得了成功。一个拥有强大执行力的人，他们只要行动就已经打败了大多数的对手。

日本软银公司总裁孙正义就说过："一流的执行力，远远超过一流的创意。三流的创意加上一流的执行力，永远比一流的点子加上三流的执行力更好。"因为想法再好，不行动永远成功不了。

2. 责任心保证"做到"，执行力才能保证"做好"

前面我们说了责任心，没有责任心的员工，基本上是不可能做好工作的。但是不是拥有了责任心就行了呢？显然不是，因为责任心只是完成工作的重要前提，却并非是把工作做好的必然要素。真正要把工作做好做对做到完美，强大的执行力必不可少。仅有责任心，却缺执行力，只会让人心有余而力不足，有心无力，望之兴叹。

这个"卖土豆"的故事几乎要老掉牙了，但因为这个故事完美地阐释了"做到"和"做好"的区别，我们这里不妨再老调重弹一次。

两个员工同时受雇于一家店铺，拿着同样的薪水。可是一段时间以后，乙青云直上，甲仍在原地踏步。甲很不理解：我和乙从同样的学校毕业，干同样的工作，拿同样的薪水，我也尽职尽责，从来没有偷过懒，为啥不晋升我？甲决定找老板问个明白。

老板没多说什么，只叫甲去集市一趟，看看街上卖什么。甲从集市回来向老板汇报说，今早集市上只有一个农民拉了一车土豆在卖。"有多少？"老板问。甲有些不好意思地说："我只看到他拉了一车，没仔细看有多少。"于是赶快又跑到集市上问了有多少，再回来告诉老板说一共有40袋土豆。"哦，"老板又问，"那价格是多少？"甲又傻眼了，不得不第三次跑到集市上问了价格。"好吧"老板对他说，"现在请你坐在椅子上别说话，我叫乙来做。"

老板叫来乙，同样让他去集市看一下，街上在卖什么。乙很快就从集市上回来了，向老板汇报说，到现在为止，只有一个农民在卖土豆，一共40袋，土豆质量很不错，他带回来一个让老板看看，并汇报了价格。老板点点头，于是乙接着说到，这个农民一个钟头以后还会运来几箱西红柿，价格非常公道。昨天铺子的西红柿卖得很快，库存已经不多了。他想这么便宜的西红柿老板肯定会要进一些的，所以他不仅带回了一个西红柿做样品，而且还把那个农民也带来了，他现在正在外面等回话呢。

这时候，老板才转向甲说："现在你知道为什么他的薪水比你高了吧？"

显而易见，做到了，并不是做好了。"做到"和"做好"，虽只有一字之差，却有完全不同的结果。前者执行了，却不到位，只是走过场或者是纯粹地应付了事；而后者不但执行了，而且到位了，它代表着对自我目标负责、对上级组织负责，对公司利益负责。这就是执行力的不同导致的。说到底，责任心只能保证我们"做到"，执行力才能保证我们"做好"。

执行力，说白了，就是把事情办好的能力。严格说来，每个人都有这样的能力，但并不是每个人都能把事情办好。其中的关键，就在于执行力的高低。所以不妨先了解自己的执行力如何。

在没有进行过针对性强化和培养前，执行力的水平更多地与一些客观因素有关，如人格、个性、认知、工作环境、岗位特征、工作年限等。不过只要能够了解自己当前的真实执行力水平，不管"起点"高低，都能够通过有针对性地培养，来让自己获得高执行力，从而在工作中取得成功。

如果你发现自己的执行力较弱时，那么就该足够警惕，因为如果不去努力提升你的执行力，那么将会让你在工作中的表现很难尽如人意，自己也很难获得提升。如果你的执行力水平处于这个层次，那么就应该考虑全方位地去培养自己的执行力了。

（1）纠正"差不多"心态，执行任何一项任务都要严格要求自己

纵观市场上的名牌企业，为什么它们的牌子百年屹立不倒，经久不衰？因为他们不但在产品品质上精益求精，对于人的管理也更加精益求精，他们从不允许自己的员工做事时总是一副"差不多"的心态。员工也是一样,在这个竞争激烈的社会,要想做得出色,受到认可和欢迎,就必须严格要求自己,这也是把事情做好的保证。如果总是觉得"差不多"就行了,那你将永远停留在"做到"那一步,永远无法跨越"做好"这道沟。

(2) 在执行中树立自己的品牌,既然做就要做好

在如今这个年代,人们对于一份工作的渴望,早已不再是谋生的工具那么简单,每个人都渴望在职场中闯出一片天地,业绩出色,有所作为。所以,很多人对于职业的情感都是神圣的,工作更多地成了一种精神支柱。既然如此,一次高效的执行不仅可以带给你一个丰硕的成果,还能使你渐渐树立自己的品牌,产生源源不断的工作动力。所以,既然做就做好,这样一来,你的整个工作流程就会变成一种良性循环,任务就会轻松地搞定。

(3) 对自己和结果负责,提高核心竞争力

执行得不好,说到底其实是一个人对结果不负责任的表现,而这样的人在职场中是很难提升自己的竞争力的。因为竞争力的基础是执行力,执行不到位,你之前描绘再好的蓝图也只是一张废纸,你交出来的最终结果对企业没有任何价值,不过是在浪费人力、物力、财力罢了。

提高了执行力,让自己有足够的能力可以把工作"做好",那么在责任心的驱使下,就一定可以做好,绝不会仅仅是做到了。

3. 执行重在到位,不到位等于没执行

当今社会,很多人心态浮躁,沉不下心踏踏实实地做事,不屑于小事和细节,把宝贵的时间用在抱怨人生和等待做大事的机会上。因而执行时

也马马虎虎，敷衍塞责，最终执行不到位。执行不到位，等于没执行。无数成功企业的经历告诉我们，那些在激烈竞争中最终能够胜出的企业无疑都具有超强的执行力。执行力是决定企业成败的最重要因素，是构成企业核心竞争力的最重要一环。如果这一环出了问题，那企业肯定会出问题。

> 有家大型国有企业因为经营不善导致破产，后来被一家日本财团收购，厂里的员工翘盼日本企业能带来一些先进的管理方法。出乎意料的是，日本企业只派来了几个人，除了财务、管理、技术等要害部门的高层管理者换成了日本企业派来的人员外，其他的没有任何改变——制度没变、原厂人员没变、机器设备没变。日方只有一个要求：把以前制订的标准和制度坚定不移地执行下去。
>
> 结果，不到一年，企业就扭亏为盈了。

同样的制度、同样的员工，因为执行力的强弱不同，使企业有了不同的命运。一个把企业做破产了，一个把企业做大了。

如果这家企业的员工自始至终严格执行企业的规章制度，企业就不会破产，也不会被别人收购。可见执行到位与不到位的结果判若云泥。所谓"到位不到位，相差一百倍"。在同样的市场竞争中，有的企业由小变大、由弱变强，有的企业却由大变小、由强变弱，其中最重要的原因，就是执行力的问题，就是执行到位与不到位的问题。

执行不到位，等于没执行。为什么这么说？因为执行不到位的结果，就等于零。有工作没好好干，没业绩，不就是等于零吗？有能力没表现，没把自己的价值发挥出来，不就是等于零吗？有好的计划却没好的执行，光空想没行动，不就是等于零吗？有好的产品却没好的质量，只为完成而马虎了事，生产一堆次品，这不就是等于零吗？甚至比零还不如，执行不到位，还不如不执行，因为执行不到位，还会造成成本的增加，导致极大的浪费，甚至造成巨大的损失，执行不到位的结果比不执行还要糟糕得多。

2004年2月15日，吉林市中百商厦发生特大火灾，造成54人死亡、70人受伤，直接经济损失达400余万元。然而，这么一起严重的事故，其直接起因竟然仅仅是一个烟头：一位员工到仓库内放包装箱时，不慎将吸剩下的烟头掉落在地上，随意踩了两脚，在并未确认烟头是否被踩灭的情况下匆匆离开了仓库。当日11时左右，烟头将仓库内物品引燃。

恰恰在这种情况下，中百商厦当日保卫科工作人员违反单位规章制度，擅自离开值班室，未在消防监控室监控，没能及时发现起火并报警，延误了抢险时机。同时，他们得知火情后，违反消防安全管理的有关规定和本单位制订的灭火与应急疏散方案中规定的"紧急通知浴池和舞厅人员由边门疏散"的要求，未能及时有效组织群众疏散，致使顾客及工作人员在发生火灾后未能及时逃生，造成了特别严重的后果。

执行不到位的代价，就是54条人命。这样的执行，还不如不执行。否则，做了也是白做，只会白白地浪费时间，浪费感情，浪费人力、物力、财力。

想要执行到位，要一开始就把事情做好，做到位。第一次把事情做到位会节省我们很多的人力、物力、财力，使我们少走很多弯路。在执行工作时，我们第一次哪怕多花点时间、多用些精力，也要把事情执行到位，一定要坚决避免一切无谓的从头再来！

一家广告公司的员工小李，在给自己的客户制作宣传广告的时候，不小心把客户联系电话中的一个数字弄错了。当他们把已经制作好的宣传单交付给客户时，客户因为时间非常紧，第二天就要在产品新闻发布会上使用它，因此没有详细审核就接收了。直到新闻发布会结束之后，在整理剩下的宣传单时，客户才发现关键的联系电话有错误，而此时宣传单已发放了一万多份。

客户非常气愤，向广告公司要求巨额赔偿。由于错在自己，再加上客户召开新闻发布会的费用的确很大，广告公司只好依据客户的要求进行了赔偿。但是，事情并未就此结束，这件事情被其他的客户得知，广告公司的信誉受到了极大的影响，生意越来越少，没有人再敢把自己的业务交给他们去做，害怕出现差错给自己带来损失。

在实际的工作中，有时即使是最简单的工作，也要做到位才行。员工与员工之间的工作时间差不了多少，但是每个人相差一点点，积累起来就形成了企业效益的巨大差距。每个企业相差一点点，积累起来就形成了巨大差距。

要想弥补工作效率和结果上的差距，就需要认真地对待自己的工作，严格执行企业的战略，在每个环节和阶段都保质保量地完成自己的工作。要想执行到位，就必须再认真一点、再严格一点、执行力再强化一点，把工作做得再好一点。

4. 执行就是解决问题，不把问题留给别人

执行的本质，就是解决问题。每个人都会在自己的工作中遇到各种各样的问题，遇到问题时，是马上想办法去解决还是暂时搁置问题？选择往往影响着执行力的强弱。

对于工作中的问题，许多人喜欢等到所有条件都具备了之后再行动。殊不知，良好的条件不是等来的，发现工作中有问题后，就应该及时行动起来。"再等一会儿""明天开始做"的意识，要把它们彻底从心里清除掉。只有这样才能不让搁置的问题成为工作的隐患，不让没有解决的问题

拖了提升执行力的后腿。有卓越执行力的人，都是善于解决问题的高手，不管什么样的问题也会大胆面对，想方设法去解决，而不是逃避。这样的人往往都是成功者。

··

褚时健，曾经的中国烟草大王，他把玉溪烟厂由一个籍籍无名的小厂发展成为全球闻名的烟草品牌帝国。18年间为国家累计贡献利税1400亿元，仅仅"红塔山"一个品牌，在20世纪90年代就为国家创利税800多亿元。然而褚时健临近退休却因贪污罪入狱，人生跌到低谷。2002年，已经75岁的褚时健保外就医，但他没有享受晚年的生活，却在75岁高龄重新创业，与妻子在云南开荒种橙子，2400亩荒山变成了他的创业基地。8年后，83岁的褚时健创出了自己的品牌——云冠牌冰糖橙，实现了从红塔山香烟到品牌农业的第二次飞跃，也完成了人生最大的一次起跳。十年后，他的"褚橙"畅销大江南北，他也成为新的亿万富翁。精彩地完成了高龄创业且成功的人间传奇，也成为企业界"做什么成什么"的典范。

他为什么能做什么成什么？关键就在于他擅长解决问题。有人在谈读完《褚时健传》后说：读了这本书，比较深的一点感触就是，要做成一个事，就要不断地解决问题。

褚时健从很小开始就在解决问题。本来家境不错，结果父亲去世，当时褚时健才15岁，就帮妈妈挑起整个家的重担。酿酒、拿鱼，好多都是细致、细小的事。1958年他被打成右派下放劳动改造。他到了糖厂熬糖，发现锅的厚度不一样，浪费燃料。他就想办法改变锅的设计，减少成本，刚开始糖厂亏得一塌糊涂，后来就有8万块钱的利润，再后来20万元、40万元的利润，在那个年代非常少见。怎么来的？认认真真解决问题。他到玉溪烟厂后，把一个乡镇小厂做成世界闻名的大企业，靠的同样是解决问题。

而他在75岁高龄创造出一个全新品牌"褚橙"，同样是因为他会解决问题。一开始，褚时健种的橙子产量低。两千多亩地，一年下来只收14吨。赔惨了。当时褚时健已经还清了刚开始承包荒山时朋友借给他的1000多万元巨款。他问朋友，如果我种橙子赔了怎么办，朋友说，我们相信你，你做什么成什么。

他埋下头一门心思解决产量问题。第二年，褚时健试着在夏天把橙树多余的叶子剪掉，以减少果树对营养的消耗，结果很顺利地就收获了三四百吨果子。

量的问题解决了，他又把注意力放在了改善果子的口感上。褚时健和他的老伴见橙就买，买来以后在家里切开，包括他们自己种的，一路摆开，不说谁是谁的，让大家吃。吃完以后都要评价，这一盘最好吃，那个是酸的，这个没味，那个皮太厚了，这个渣太多了，那个核太多了……

吃着容易，种出来难。解决橙子的口感问题颇费功夫。当时褚时健的橙子是低酸品种，酸倒是不酸，就是味淡。请专家研究，也没有给出准确答案。褚时健自己试着找原因，他的橙子全是新树幼树。对幼树一贯的做法是大施氮肥，叫它长枝条，长树体。褚时健想，我们是不是氮肥施得过多了。第二天，他把氮磷钾以及其他元素算出个标准来，按照0.8∶0.7∶0.6的比例配下来，经过了几番尝试，果子的糖分终于达到了让褚时健满意的程度。

旧的问题解决了，新的问题又出现了，大家反映果子很容易烂掉……老伴说，每一年都有事。今年是皮子太厚了，明年又是酸了，后年又是软掉了。土壤问题，肥料问题，浇水问题，虫害问题……一个问题一个问题地解决。经过了六七年的摸索，直到2009年，果子的产量和质量才真真正正好了起来，褚时健本人也从一个对种植橙子毫无经验的人，变成了橙子专家。褚时健把他的橙子命名为"冰糖橙"，这是一个全新品类。果然是甜得像冰糖一样。

解决了口味问题，褚时健又着手解决橙子的大小问题。他给自己的橙子提出一个更苛刻的标准，除了对于每棵果树的产量和口感有固定的要求外，还给每一颗果子制订大小标准，他选择了75毫米这个最受市场欢迎的大小标准，作为褚橙的大小标准，不符合标准的坚决抛弃，哪怕是大的也抛弃。

历时8年，解决了无数的问题，83岁的褚时健终于创出了自己的品牌——云冠牌冰糖橙，实现了从红塔山香烟到品牌农业的第二次飞跃，也完成了人生最大的一次起跳。他也成为中国企业界一个最耀眼的传奇。

褚时健的例子，让我们真正明白：世界上没有解决不了的问题，只有不想解决问题的人。成功者之所以与众不同，在于他们有发现问题、解决问题的能力。

执行，说白了就是解决问题。工作中永远有问题存在，有问题是正常的，没有问题才不正常。执行力强的员工主动积极去解决问题，把任务漂亮完成；而那些看到问题就逃避、把问题推来推去的员工，什么也干不成。所以，要提高执行力，把任务执行得完美，就绝不能逃避问题，而是要努力去解决问题。

很多人按部就班地去做上司交代的事情，看起来他们"已经工作了"，然而，问题却原封不动地留存在了那儿。他们并没有真正完成自己的工作，因为他们并没有解决任何问题，只是在浪费时间而已。每一位员工，也许每天都要面对层出不穷的问题，而问题永远不会自动消失。最好的办法，就是对问题负责，勇敢地面对问题，开动脑筋解决问题。只有勇敢面对问题，才能激发我们潜藏的力量，唤醒解决问题的智慧。

一些人在工作出现问题后，不会意识到应该马上解决，而是一味拖延，以为问题以后也可以解决，殊不知以后再去解决问题往往意味着永远不去解决。

还有的时候是突发问题，一时让人手足无措，不知如何处理，于是当事人就选择逃避。尤其是在面临一件自己不擅长的工作或很复杂的工作时，出现的问题往往不知道从哪里下手，只能选择逃避，把问题推给别人去解决。

其实有些问题只是看起来很"吓人"，让人心生畏惧。但只要勇敢面对，积极想办法去解决，问题并不像表面上看起来那么难以解决，而是很轻易就会被解决掉。

圆珠笔在诞生之后，因为笔尖的磨损，经常造成油墨的泄漏，弄脏衣物和纸张，而众多技术人员在解决这个问题时把主要精力放在了如何提高笔尖的坚固方面，却因为不合实际陷入困局。后来日本一男子转而从油墨入手，他经过试验发现普通的滚珠在书写15000字左右就会变小，发生漏墨现象。于是他把笔芯里的油墨减少，控制在能书写15000字的容量，当笔尖磨损时，油墨就用完了，这样就圆满解决了笔头漏墨的问题。

方法总比问题多，只要愿意去想。想办法就会有办法，一切问题都会在我们的努力下迎刃而解。

要想让自己做到遇到问题立刻去处理，不把问题搁置或是推给别人，就必须培养自己解决问题的意识。解决意识是一种习惯上的意识，彻底解决遇到的问题更是解决意识中的重要组成部分。工作中，不管遇到什么样的问题，都要告诉自己：如果总是延时解决遇到的问题，一个问题就可能引发两个问题或更多的问题，小问题也会由于拖延而变成大问题。而只有立刻彻底解决问题，才能排除问题带来的隐患。面对工作中出现的各种问题，以彻底解决的意识正面迎接问题是最为关键的，它让你不再强调理由选择逃避，或者找借口搪塞。

其实每一个员工都要明白，大胆面对问题，不逃避、不推托，立刻去解决问题，才是负责任的态度。逃避问题或是把问题推给别人去处理，是不负责任的行为。每当面对问题时，对自己说："我遇到问题了，我负有责任，因此我必须进行修正。"这样的态度，才最有利于提升我们的执行力，把问题全部解决。

5. 执行不能拖延，拖延是执行的大敌

执行的最大敌人，是拖延。

很多时候，执行力之所以低下，并非因为工作态度不端正，也不是能力上存在不足，恰恰来自于因拖延而造成的时间浪费，来自于因最后时刻赶工所导致的工作质量低下。

一家外贸公司的老板要到国外办事，且要在一个国际性的商务会议上发表演说。他身边的几名要员忙得头晕眼花，甲负责演讲稿的草拟，乙负责拟订一份与国外公司的谈判方案。该老板出国的那天早晨，各部门主管来送行，有人问甲："你负责的文件打好了没有？"甲睁着惺忪睡眼说："今早只有4个小时睡眠，我熬不住睡去了。反正我负责的文件是以英文撰写的，老板看不懂英文，在飞机上不可能复读一遍。待他上飞机后，我回公司去把文件打好，再以电讯传去就可以了。"

谁知老板上飞机前问主管甲："你负责预备的那份文件和数据呢？"这位主管甲按他的想法回答了老板。老板闻言，脸色大变："怎么会这样？我已计划好利用在飞机上的时间，与同行的外籍顾问研究一下报告和数据，别白白浪费坐飞机的时间！"甲听闻脸色一片惨白。

到了国外后，老板与要员一同讨论了乙的谈判方案，整个方案既全面又有针对性，既包括了对方的背景调查，也包括了谈判中可能发生的问题和策略，还包括如何选择谈判地点等很多细致因素。乙的这份方案大大超过了老板和众人的期望，谁都没见到

过这么完备而又有针对性的方案。后来的谈判虽然艰苦，但因为对各项问题都有细致的准备，所以这家公司最终赢得了谈判。老板回到国内后，乙得到了重用，而甲却受到了老板的冷落。

甲受到冷落以后怎样了，不是这里我们要谈论的问题。我们要强调的是，作为一名员工，任何时候都不要自作聪明地设想工作，期望工作的完成期限会按照你的计划而后延。优秀的员工都会谨记工作期限，并清楚地知道，在所有老板的心目中，最理想的任务完成方式是：不要让今天的事过夜，今天的事今天完成。

如果我们认准了一项工作，那么我们就要立即行动，因为世界上有93％的人都因拖延懒惰而一事无成。一日有一日的理想和决断，昨日有昨日的事，今日有今日的事，明日有明日的事。如果你已做了一个真正的决定，就要马上行动。这样才有执行力，也才有更多可能成功。

执行不能拖延，拖延是执行的大敌。但在工作中，总有一些人改不掉拖延的习惯。这种拖延大致可以分为两类，一类是自己都没有意识到，还处在迷迷糊糊状态中，做事情缺乏思考，没有目标，每天得过且过；另一类意识到了，却不知道怎么去改变，有目标、甚至有方法但是缺乏行动，或者在行动中总是被各种理由影响。

以下是一些常见的拖延理由。

（1）这些事情，可做可不做

也许，我们意识到它的重要性需要很长时间，或者我们正忙于其他被我们拖延得很紧迫的事情，或者有时我们仅仅是没有着手去干。有的人这样拖延，以至于他们所能做的就是像消防队员一样，整日四处奔波，首要的任务就是把火扑灭，以防死灰复燃。

（2）这件事情太困难或者太讨厌，不想做

有些人之所以拖延，是因为事情似乎令人讨厌，难做，或者枯燥乏味。当我们害怕做什么时，通常很容易找出一个拖延的借口。不幸的是，我们越怕完不成任务就越胆怯，而情况就会变得更糟糕。面对自己讨厌的事情，人们很难有行动的兴趣。可是有的事情你尽管讨厌，但还是得去做，有时候还不得不去做。所以，还不如及时去做。

（3）没人督促我，我干不快

有些人太缺乏自觉性，除非有人在后面督促，否则，他们就不会开始。他们总是说："没人督促我就没压力。"但是在工作中，你不可能永远期待着领导给你压力，而且往往当他人给予你压力时，你已经因为拖延降低了不少执行力。

这些可恶的借口会使我们把事情一拖再拖，使我们的执行力大大降低。要高效执行，保持较高的执行力，就要消灭这些拖延的理由，彻底打败这个执行的大敌。

（1）立即行动

要防止拖延，立即行动至为重要。这样才能使自己保持较高的热情和斗志，能够提高办事的效率，而拖延只会消耗热情和斗志。古时作战，兵家策略是"一鼓作气"，防止"一而再，再而衰，三而竭"。拖延之后再想以疲软的心态鼓起斗志是比较困难的。所以，不要给自己留退路，说什么"以后还有机会""时间还比较充裕"，这都会让自己陷入拖延的温柔乡里难以自拔。其实，在制订好计划以后你就没有了后路，唯一的选择就是立即行动。成功者必是立即行动者。对于他们来讲，时间就是生命，时间就是效率，时间就是金钱，拖延一分钟，就浪费一分钟。只有立即行动才能挤出比别人更多的时间，比别人提前抓住机遇。

有人说，判断一个人的成功，看看他走路的速度和力度。速度快、力度强的人是沉稳而又干练的人，这种人成功的概率比较大，而拖延者的脚步始终是"慢三拍"。对于成功者而言，他们需要的是"快三拍"。

（2）定一个最后期限

在行动之前要给行动留下个合理的期限，没有期限的行动常常是无效的或效率特低的。有一个时间约束，就能让你提醒自己：必须马上行动，否则在约定期限内完不成行动计划。值得注意的是：一定要一次性将它落实，千万不要说"以后再执行"。以后就意味着这次行动的失败。

（3）设定明确合理的目标

不要做那些空洞的目标，大的目标可以分解成很多小目标。同时要认清自己的能力，很多事情不是一蹴而就的，需要的是长期的坚持。目标设立要有压力，但是完成以后还应该感觉有余力。每天进步一点点，累积下来就是很客观的一大段。确认了目标以后，就要坚持，目标没有完成之前不要分心做别的事情，这样才能减少拖延。

（4）提高工作效率

很多时候你并不是一开始就习惯拖延的，但是由于没有正确的做事方法，事情进展不顺利，慢慢地变成了拖延。所以掌握正确的方法很重要，做事情之前不能光有目标和方向，同时要寻找到适合的方式方法，这样工作的进度能够掌控，你也会更有信心去完成。

（5）选择适合自己的工作方式

做事情要有逻辑性，不能想起一出是一出，重要的事情要留出专门的时间来处理，在日常工作安排中尽量让时间形成块状，达到高效的目的。找到适合自己的工作方式，做事情不是一开始就能摸索出最适合自己的方式的，而是要综合分析，确定好方向，收集相关信息和资料，再做出选择。俗话说得好，"磨刀不误砍柴工"，有些工作做在前面，有利于提高执行力。

（6）提高工作效率

工作中要会拒绝影响效率的事情，比如完成重要工作的时候最好不要去看QQ、手机的信息。人一旦分心，工作效率就会下降，就造成了拖延。你可能在工作中会经常遇到同事的求助这样无法主观避免的事情，所以你要学会巧妙地暂时拒绝对方，最好让同事知道那些时间段非紧急事情，是不能打扰你的。拒绝别人是一种能力，恰到好处的拒绝别人是一个很多人都要学会的技能。

阿莫斯·劳伦斯曾说："形成立即行动的好习惯，才会站在时代潮流的前列，而另一些人的习惯是一直拖延，直到时代超越了他们，结果就被甩到后面去了。"工作如同一盘棋，你的对手是时间，假如你行动前犹豫不决，或拖延行动，你将痛失这盘棋。所以，拖延的恶习绝不能任其放纵下去。聪明人雷厉风行，只有糊涂蛋才拖拖拉拉，耽误执行。聪明的人遇到机会时当即就会断定什么该早点干，什么该晚些做，并且干得得心应手。另外，立即行动，还会消减准备工作中一些看似可怕的困难与阻碍，引领你更快地抵达成功的彼岸。

6. 执行需要勇气，不怕挫折克服一切困难

执行要到位，就要不惧困难，迎难而上，正视矛盾，解决问题。如果前怕狼、后怕虎、左怕鹰、右怕兔、中间还怕长毛狐，怎么去执行？

执行，是一个复杂的过程，更是一个艰难的过程，执行在很多时候都不可能一帆风顺，会遇到很多困难，遭遇很多挫折，这时候还需要我们有毅力、有勇气、有韧性、有担当，不怕挫折，直面困难，迎难而上，解决问题。

美国石油大亨约翰·洛克菲勒，标准石油公司的创始人，也是世界上第一位亿万富翁。16岁时，他为了得到一份"对得起所受教育"的工作，翻开克利夫兰全城的工商企业名录，仔细寻找知名度高的公司。每天早上8点，他都会离开住处，身穿黑色衣裤和高高的硬领西服，戴上黑领带，去赴约面试。他不顾一再被人拒之门外，日复一日地前往，一连坚持了六个星期。在走遍了全城所有大公司都被拒之门外的情况下，他并没有像很多人想的那样选择放弃，而是"敲开一个月前访问过的第一家公司"，从头再来。有些公司甚至去了两三次，但谁也不想雇个孩子。可是洛克菲勒越受到挫折，他的决心反而越坚定。

> 赢在责任心
> 　　胜在执行力

1855年9月26日上午,他走进一家从事农产品运输代理的公司,老板仔细看了这孩子写的字,然后说:"留下来试试吧。"并让洛克菲勒脱下外衣马上工作,工资的事提也没提。他过了三个月才收到了第一笔补发的微薄报酬。这就是洛克菲勒的第一份工作,是他自己都记不清被拒绝多少次后得到的工作。他一生都把9月26日当做"就业日"来庆祝,那种热情胜过他自己过生日。

....

要是洛克菲勒没有强大的忍耐力,没有韧性,一遇到困难就放弃,估计也就没有后来的石油大亨了。韧性指具备挫折忍耐力、压力忍受力、自我控制力和意志力,能够在艰苦的、不利的情况下,克服外部和自身的困难,坚持完成任务,在比较巨大的压力下坚持目标和自己的观点。

韧性首先表现为一种坚强的意志,一种对目标的坚持。"不以物喜,不以己悲",认准的事,无论遇到多大的困难,仍千方百计完成。麦当劳的创始人雷·克洛克最欣赏的格言是:"走你的路,世界上什么也代替不了坚忍不拔;才干代替不了,那些虽有才干却一事无成者,我们见得多了;天资代替不了,天生聪颖而一无所获者几乎成了笑谈;教育也代替不了,受过教育的流浪汉在这个世界上比比皆是。唯有坚忍不拔,坚定信心,才能无往而不胜。"具有韧性的人能够经受挫折,面对任何困境都不会轻言放弃,就这样"死磕到底",方能执行到底,取得成绩。

困境,可以说是每一个人提升执行力最大的障碍,因为有些困境会持续很长的时间,这对于任何人的心理都是巨大的考验。困境首先会消磨你的自信心,一次次失败的打击会让你变得自卑,不相信自己有能力渡过难关,最终被接踵而来的问题击倒,一蹶不振。

身处困境会造成情绪的不稳定,从而影响你的判断力,解决问题时走向错误的道路,陷入更深的问题中。在情绪稳定的状态下,人通常会基于足够的信息、采用系统的方法做出决策,而不是贸然决策。而当人长时间陷入困境时,内外因带来的双重压力就会影响情绪,从而让人变得焦躁、急于行事,而不预先考虑后果。这很容易让人做出错误的决定并变得刚愎自用,从而无法依靠自己摆脱困境。

当困境持续的时间突破了心理承受的临界点，它就会消磨掉你心中最后一点希望之光。任何做事的动力其实都源于希望，假如你认定一件事情没有任何希望，那么自然不可能产生丝毫的执行力去努力完成这件事。长时间处于困境让你产生一种心理错觉，认为这样巨大的困难是无法被解决的，从而心理防线彻底崩溃，不再想走出困境，自暴自弃。

面对挫折、身处困境，极易让人丧失信心，停止执行下去。这就需要学习在困境中保持执行力的方法，避免让自己消沉下去，停下执行的脚步。

（1）学会保持平和的心态

对于身处职场的人，学会调适心态是一个人的软实力，所以无论如何都要重视培养。我们平时应多思考，多读取一些心理学相关的书籍，从中汲取养料。最重要的是，保持一颗平常心，无论什么时候，都应该理性地去分析问题，不要被所处的客观环境或自己的感性所麻痹。要让自己明白，困难时时在，挫折常常有，逃避困难只会让困难越来越多，让自己执行无力。敢于面对，积极解决，才是正确的心态。

（2）把渡过困境当成是成功前的"准备活动"

有些人在经历困境时，总是把一次次失败的打击当作是对自己能力的否定，渐渐就会认为自己干什么都不行，从而让自卑心理有了生长的土壤。在这个世界上谁都不是无所不能的，谁都有解决不了的问题。不妨把这种困境当成是磨炼，是获得成功之前的"准备活动"，从困境中去总结与学习，激发自己的斗志，从而让执行力始终保持在较高的水平，不因失败而气馁。当你获得成功后回过头看这段时光，你就会突然发现原来这是你成功前最有意义的一段道路。

（3）学会在困境中看到希望

一个人之所以很难在困境中保持执行力，最大的原因就是随着困境的持续，心中的希望会被渐渐消磨掉。其实这并非是困境本身有多强大的压迫力，而是很多人从不主动去寻找希望。如果你总是在困境中保持万念俱灰的沮丧状态，即便再大的希望摆在眼前也不可能看得到。

> 赢在责任心
> 胜在执行力

17岁的李嘉诚辞去了中南钟表的工作,到一家很小的五金厂做推销员,这让他的职业生涯走进了不小的困境中。与茶楼和钟表的坐店销售不同,五金店的销售需要跑出去找客户,就是在不知道对方有没有购买意愿的情况下将自己的产品推销出去,显然,和前两种客人找上门来的销售有很大的区别。

面对新的挑战,李嘉诚经过深入思索发现在推销之前首先要弄清楚一些问题,比如:如何和客户搭上话,又该如何维持关系?这对于生性腼腆的李嘉诚来说是不曾遇到过的问题,在书上也没学过,他只能在实践中去悟,这给他带来了一个又一个困难。然而他在困境中并没有气馁,反而表现出了比之前更强的执行力,任何工作中的细节他都会以最严谨的态度做到最好。

如今李嘉诚每每回忆起这段日子,总是自豪地说:"我十几岁就做销售,对自己要求严格,工作时间至少比别人高一倍,所以业绩也总超过别人很多。做到最好时,我的业绩是第二名的7倍。凭着我的业绩,一年后我就坐上了部门经理的位子,两年后就做了总经理。"

如果你还在抱怨困境中根本就找不到希望,那么看了上面的故事就应该明白,困境带来的每一个磨难其实都是你的希望,它们磨炼了你的意志,提升了你的能力。那些被困境中的艰难险阻刻下的"疤痕"将会是你获得成功的最大资本。

在顺境中的高执行力,也许能够让你不至于被他人赶超,不至于掉队。而在困境中保持执行力才能够让你超越他人,成为职场中的领跑者。

7. 走出执行误区，牢记使命不忘初心

"牢记使命、不忘初心"是当前全国上下大力倡导的工作思想和政治主题。党的十九大报告指出，在全党开展"不忘初心、牢记使命"主题教育，用党的创新理论武装头脑，推动全党更加自觉地为实现新时代党的历史使命不懈奋斗。党的初心和使命，就是为中国人民谋幸福，为中华民族谋复兴……实现中华民族伟大复兴是近代以来中华民族最伟大的梦想。中国共产党一经成立，就把实现共产主义作为党的最高理想和最终目标，义无反顾肩负起实现中华民族伟大复兴的历史使命，团结带领人民进行了艰苦卓绝的斗争，谱写了气吞山河的壮丽史诗。

作为企业的一员，我们也有初心和使命，那就是为企业谋发展，竭尽全力把自己的工作做好。"牢记使命，不忘初心"，实际上就是要始终坚守自己的责任，担起为企业谋发展的使命，全心全意、尽职尽责，为企业的兴旺和发展奉献自己的力量；任何时候都不忘记自己的初心，扎扎实实做好本职工作，敢于担当，勇于奋进，在自己的岗位上做出成绩。

如果忘记了自己的初心和使命，即便执行力超强，在执行中也会出现一些偏差，带来一些问题，走入执行的误区，这是特别需要注意的。比如有的员工在工作中极尽努力，想要让自己以最高的执行力将工作做到极致。然而实际情况是，做出的很多努力都白白浪费，甚至起到反作用。还有的员工执行力超强，做什么事情都会做得非常好，却因为忘记了初心和使命，以至于让自己丢掉了忠诚、敬业、清廉、奉献等这些最基本的职业道德，把超强的执行力用在了为自己牟私利上，最终与初心南辕北辙，损害了企业的利益，也毁掉了自己的前途。这些都是执行力的误区，是需要

员工特别注意的。总结起来，执行误区主要有以下方面。

(1) 执行就是"严格服从"

服从是执行的前提，但服从并不是执行的绝对前提。也就是说，真正的执行，并不是不管不问的盲目服从，而是有选择性的服从。然而不少员工在接到领导布置的任务后，本着"严格执行"的态度，一字不差地按照领导布置的内容去完成工作，即便领导的安排与实际情况并不相符，也硬要秉承"领导至上"的理念按错误的方式去执行任务。这并不是执行力强的体现。高效率、高质量的执行，是要把问题圆满解决，使事情有完美的结果。一旦命令出现差错，必然会导致执行失误，影响执行效率和结果。如果只知道盲目服从，不从结果出发三思而后行，在执行的过程中不知道变通，那只会使执行前功尽弃，了无成绩。这样的服从和执行，有什么意义？真正有执行力的员工并非一字不差地去照搬领导的意思，而是能够在工作中及时给予领导反馈并对不合适的布置提出自己合理的改进意见。领导也是人，也会犯错误，明知是错误的方法还要"严格执行"，只能说明你太"听话"了，但绝不能证明你有高水平的执行力。

(2) 很忙就是执行力高

这个误区很多人都有，有些人认为自己一天都在为工作忙碌，没有浪费一点时间，甚至吃饭都是边吃边工作，自己的执行力是没有问题的。实际却并非如此。例如，一个人只忙碌了一个上午，却做完了领导安排两天完成的工作；另外一个人忙碌了整整一天，下班后还要加班，最终却只做好了半天该完成的工作，难道后者更有执行力吗？执行力从来就不是一个只用过程去评价的能力，往往要从最终的工作结果验证。忙得有效率才能在一定程度上说明执行力水平处于较高的状态，"瞎忙"并不能证明什么。很多管理者对于天天加班的员工会持一种不信任其能力的态度，就是因为他们加班太多，证明了他们的执行力低下。明明上班时间就可以完成得非常好的工作，为什么还需要加班来完成？这样的员工，不是"假装在努力"，就一定是能力太差劲。管理者对这样的员工，是很难建立信任的。所以，不要动不动就加班，加班并不代表勤奋，反而暴露了自己低下的执行力。

（3）心态好执行力高

这同样是一个伪命题。不可否认，良好的工作心态确实是提升执行力的重要基础，然而光有好心态是远远不够的。在实际工作中，能够出色完成工作除了需要有好的心态，更需要具备较强的核心工作能力以及制订适当计划的能力。天天乐呵呵，工作没完成也不急不徐，工作出了错同样慢条斯理，上司批评了不当回事，业绩下滑了根本不在意，这样的心态，于工作有何益？只会让自己的执行力越来越差。

（4）个人行动力就是执行力

在企业中，确实存在一些能干的人，执行力很强。领导交给什么任务都能以最高的效率去完成，甚至连周围其他一些同事完不成的事情也能一人代劳。这样的人表面看来，似乎是企业的中流砥柱，执行力无人能及。实际上这也是一个误区。因为现在是团队作战的时代，个人能力再强，也不及团队，即便拥有超高的个人执行力也不行，一个人有再强大的行动力也不可能以一当十。我们都知道木桶理论的原理，团队执行力并不以最高的那块木板来决定，而是最短的那一块。即便有一个或几个人的执行力很强，会帮助执行力弱的同事做事，但这样不仅不利于充分发挥每一个人的力量，使团队形成最大的合力，反而会导致整体执行力变弱，拖慢执行效率，变相降低了个人执行力。

特别是在团队合作中，如果某一个人总是以快人一步甚至好多步的行动力去完成更多需要合作的工作，那么就会破坏既定的合作节奏，导致合作出问题，整个团队的执行力反倒会大大降低。所以美国的亿万富豪保罗·盖蒂就说："我宁愿要一百个人的1%，也不要一个人的100%！"就是因为太强大的个人，于团队合作并没有太大的好处。真正有力量的还是通力合作的团队。

管理者在执行过程中更需要避开这个误区。个人的行动力与团队总体的执行力是成反比的。这就好比小时候，父母溺爱孩子，舍不得让孩子做饭，舍不得让孩子洗衣服，舍不得让孩子收拾家务。结果呢？父母什么都会做，孩子长大后，什么都不会做。这与企业当中，管理者和下属之间的关系是一样的。如果一个管理者什么事情都亲力亲为，那下属就一定不会有很好的执行力。个人行动力不等于团队执行力。管理者自身行动力的强弱与组织行动力的强弱成反比。管理者自我行动力太强只会导致组织的行动力太差，最终使组织没有执行力。

(5) 做了就是执行了

很多执行力差的人很努力，每天都在工作，但就是没有成绩，主要原因就是执行不到位。就像前面我们说过的那个买土豆的故事一样。做了，不等于执行了，做好了，收到好的结果了，才是执行了。这一点一定要理清，不然，总以为自己做了就是执行了，会陷入更深的执行误区中去，导致做什么事情都达不到想要的结果。

(6) 虎头蛇尾，半途而废

很多执行者做事就是起初比较认真，过了三天就开始松懈了，再过一段时间就撒手不管了。一旦养成这种习惯，以后的任何事情都将无法彻底执行下去。真正的执行力是：正确地做事 + 速度 + 力度 + 高度 + 结果。这几项缺一不可。特别是结果，有结果才是执行完成的标志，是执行到位的表现。没有结果，等于没执行。虎头蛇尾、半途而废，怎么能算是执行了呢？

执行时的这些误区会导致执行力大大降低。对此，无论是企业还是普通员工都应高度重视，引以为戒。特别是员工，在执行中一定要优化工作流程，提高自身素质与工作能力；坚持自我学习提升，不断提高自己的执行力。要强化责任心，明确自己的任务，接触懒散之心，把企业的理念、愿景、使命与自身牢牢地联系在一起，调整心态，自我激发工作激情，使自身总是处于高效工作状态，从而保证每一项工作都能高效优质地完成。

第五章
抛弃借口，借口是执行最大的绊脚石

为什么很多时候计划很好，却难以落实？一个最大的原因就是有太多的借口绊住了执行的脚步。"这不能怪我""条件不成熟""任务太困难"……这些借口就是执行最大的绊脚石。要完全执行，就必须彻彻底底抛弃借口。

赢在责任心 胜在执行力

1. 卓越的执行力不需要借口

如果想做好一件事情,就一定可以找到一种方法;如果不想做好一件事情,就会找出一千个理由。而这些理由,就是自己不好好执行的借口。有了这些挡箭牌,不管自己执行得多么糟糕,事情做得多么差劲,都会让自己求得些心理安慰,让自己以为,并不是自己没有执行好,而是有各种原因!有这样的态度,是不可能赢在执行的。

很多时候执行不力,都是因为借口当道。作为一名合格的员工就应该努力去执行上司下达的任务,而不是去找借口。事实证明,无论做什么事情,都要记住自己的责任,无论在什么样的工作岗位,都要对自己的工作负责。作为军人,执行长官的命令就是天职,也是军人的责任所在;作为职员,执行领导的命令,执行企业的规章制度也是义不容辞的责任。接受了任务就意味着做出了承诺,而完成不了自己的承诺是不应该找任何借口的。

其实,真正卓越的执行力,不需要任何借口,而是蔑视一切理由。真正卓越的执行力是"有条件要上,没有条件,创造条件也要上",这才是负责任的态度,才是真正有力的执行。对于每个职场人而言,不管从事哪种工作,最不应该、也最不能忘记的就是自己的岗位职责。必须对自己的工作负责,对自己负责,对企业负责,只要是企业的事情,就是自己的事情,不能找任何借口来为自己开脱或搪塞。把工作完成到位是自己的本分,根本不需要任何理由。

"铁人"王进喜,当年带领工友开采大庆油田时,说过一句全国人民至今都念念不忘的话:"有条件要上,没有条件,创造条件也要上！"这正是其卓越执行力的体现。这样的态度，实际上就是堵住了一切借口！没有借口，任何借口都是在推卸责任！越是环境艰难，越要敢承担责任，坚忍不拔，不找任何理由与借口来逃避自己的责任。

事实上，许多借口都是因为害怕担责，而给自己找来"壮胆"的。如果认真反省一下自己的所作所为，包括那些牵强附会的理由，可能自己都会觉得脸红。

没有任何借口是执行力高的表现，这是一种很重要的观念，体现了一个人对自己的职责和使命的态度。思想影响态度，态度影响行动。可以说，工作就是不找任何借口地去执行。没有借口是最重要的行为准则，它强调的是尽你所能去完成任务，你需要的是绝对的行动，而不是为没有完成任务找借口。在执行面前，所有的借口都是无效的。

因而提高执行力，必须消灭借口。很多员工说目标任务不切合实际，或者说能力不够，诸多借口都是不能完成目标任务的理由，这其实是非常愚笨的应对方法。有效地完成工作是一个合格员工的义务，必须认真履行。对那些在工作时推三推四，老是抱怨，寻找种种借口为自己开脱的人；对那些不能最大限度地满足顾客的要求，不想尽力高出客户预期提供服务的人；对那些没有激情，总是推卸责任，不知道自我批评的人；对那些不能出色地完成上级交付的任务，不能按期完成自己的本职工作的人；对那些总是挑三拣四，对自己的公司、领导、工作这不满意，那不满意的人，最好的救治之药就是：端正坐姿，然后大声而坚定地告诉自己：记住，这是我的工作！我的工作就是要做好，做出圆满的结果。提高执行力就要立即去做，亲自去做，还要满怀激情去做，坚持去做。在公司里，每一个人都必须主动提高自己的执行力，主动工作，否则就会丧失机会。

"要想打胜仗，我就得去找那些不找任何借口去完成任务的人。"这是美国传奇人物、四星上将巴顿的名言。大多数有成就的人，在他们的工作和学习中，都尽可能排除一切借口，因为他们知道，服从比谎言和欺骗更有意义和价值。在他们身上，我们会看到一种负责、敬业的精神，一种奋发向上的干劲。事实就是这样，一家企业制度和战略的形成，凝结着无数商战经验和管理者的智慧，却常常因为员工不服从而宣告失败。

> 有家公司推出一种新产品，需要销售人员配合市场调查人员的工作，到第一线去了解客户对新产品的使用情况、需求状况和满意度，另外还有竞争对手的反应、是否有替代品出现等信息。然而，销售人员个个消极抵抗，根本不按公司要求去了解和搜集信息，并且他们还振振有词："我们的工作就是销售产品，如果把时间都花在搜集市场信息上，销售任务怎么完成？"结果这次行动没有收到预期效果，公司管理层想要根据市场反馈改进新产品的计划也泡了汤。

作为一名员工，对任务的服从一定要直截了当，接受任务后就即刻展开行动，而不是支支吾吾找借口、犹豫不决，因为在你犹豫的那一刻，就已贻误了企业的大好商机。所以找借口，是最损伤执行力的恶习。

无论从事哪种工作，都要做到最好。不找借口，只想执行，让事情有圆满的结果，才有可能被赋予更多的使命与机会，赢在自己的执行力，赢得更大成功。

2. 令行禁止，执行从服从开始

要执行，首先是服从。没有服从，就不可能听从命令，又何谈执行？只有令行禁止、绝对服从，执行才会变得自然和顺畅。所以，执行是从服从开始的。

说到服从，美国的西点军校绝对是模范和榜样。"军人以服从命令为天职",正是西点之魂。

西点军校是闻名世界的一所美国学校。在西点军校造就的将军中,仅1915年入学的这一届就培养出了三位四星上将,两位五星上将和一位陆军参谋长,有一位还当了美国总统。而在商界,西点军校更是超越了商学院的成就,为经济领域培养了大批风云人物,包括像杜邦、通用、可口可乐这样的跨国公司的总裁。西点军校之所以取得如此辉煌的成绩与西点人对权威理念的阐释是分不开的,因为只有先学会向权威低头才有可能使自己变成权威。

服从,在西点人的观念中是一种美德。"服从可以赢得绝对胜利",正是西点的独特校训。在西点军校,即使是立场最自由的旁观者,都相信一个观念,那就是"不管叫你做什么都照做不误",这样的观念就是服从的观念。西点人认为,军人职业必须以服从为第一要义,学不会服从,不养成服从观念,就不能在军队中立足。

西点人认为,服从是自制的一种形式。西点要求每一个学员都去深刻体验身为一个伟大机构的一分子——即使是很小的一分子,具有什么样的意义。

西点的每一分子,对于个人的权威止于何处,团体的权威又始于何处,都会有清楚的认识。对西点人来讲,对上司服从是百分之百的正确。因为他们认为,西点军校所造就的人才是从事战争的人,这种人要执行作战命令,要带领士兵向设有坚固防御之敌进攻,没有服从就不会有胜利。

威廉·拉尼德对此做了非常生动的描述:"上司的命令,好似大炮发射出的炮弹,在命令面前你无理可言,必须绝对服从。"一位西点上校讲得更为精彩:"我们不过是枪里的一颗子弹,枪就是美国整个社会,枪的扳机由总统和国会来扣动,是他们发射我们。"曾有人说,黑格将军所以被尼克松看中,就是因为他的服从精神和严守纪律的品格。需要他发表意见的时候,坦而言之,尽其所能;对上司已做了决定的事情,就坚决服从,努力执行,绝不表现自己的小聪明。

商场如战场,员工如同士兵。每一位员工都必须服从上级的安排,就如同每一个军人都必须服从上司的指挥一样,因为只有服从才是胜利的保证。一个国家、一支军队,或是一个企业、一个部门,其成败很大程度上取决于是否完美地贯彻了"服从第一"的理念。

服从是行动的第一步。作为企业的一分子,每一个员工都是企业内部经济运行环节的一个重要部位,指令如同血流,你必须遵照指示做事以确保企业流程正常循环运转。服从意味着你必须暂时放弃个人的异议,约束自己去适应所属机构的价值观念。在学习服从的过程中,你就更深地融入了企业这个大家庭中,对企业的战略方针、价值观念、运作方式有了更透彻的理解。在激烈的市场竞争中,公司要保持战斗力,必须有很强的贯彻执行战略能力。公司的基本要求是,每一位员工都必须服从公司整体利益,在这个大局协调下服从上级的具体工作安排,如同每一个军人都必须服从上司的指挥一样。

服从,就是指个体按照社会或群体的要求或他人的意志而做出的行为。主要包括服从社会规范,服从组织原则,服从团体利益,服从最终决议,服从领导指令。企业虽然不是军队,但企业同样需要服从。在企业中,如果思想不统一,每个人都有自己的想法,这就像很多马拉的马车,没有统一的指挥,最终只能原地不动,或者倒退。这就需要有赶车的人,统一群马的方向,群马也要服从指挥,马车才能前进。因此,服从对企业、对员工具有重大的意义。

没有服从就没有执行,所谓的创造性、主观能动性等都在服从的基础上成立,否则上司再好的思想推广不开,也就没有了价值。服从是每一位员工都应该具有的基本素质。很多有才华的人,之所以最终一事无成,在很大程度上,就是因为他们缺乏服从的品性。一个人如果连服从都做不到,怎么能具有很强的责任感、纪律观念和自律意识?又怎么能正确处理个人利益与组织利益之间的冲突？不服从，就代表他不接受领导交给他的任务，或是仅仅按照符合自己利益的方式去完成任务。这样的员工太过自私，在职场是很难成功的。

> 明明是一个在校大学生，利用暑假时间在一家咨询公司做兼职，从事市场调研员的工作。通过培训，公司向他们传达了为调研员制订好的详细调研模式，规定了调研路线、方法、内容以及相关的细节问题，其中两项就是：每张调查表的调查时间、每天的调研表完成数量。明明热情高涨地去进行市场调查了，但现实和她所预计的完全不一样。人们并不愿意接受她的调查，更不愿意填写调查表。不要说满足最少的调研时间了，很多时候刚刚敲开门，人家一听是搞市场调查的，就"砰"地一声关上了门。一个上午，明明仅仅完成了几张调查表，距离公司的要求还差很多，怎么办？完不成任务的话，没有钱拿事小，被人笑话自己这个大学生事大。她想到了一个"高明"的办法，找了个小冷饮店，自己开始"认真"地填写调查表。到了最后交调查表的时候，明明的调查表是数量最多、数据最完整的，领导还表扬了她，让她明天继续努力。
>
> 但第二天公司领导就找她谈话了。原来公司有很完善的数据真实性检验模式，通过检验，公司已经发现了明明的造假行为。公司的老总对明明进行了批评教育，并让她懂得了一个道理："如果一个人连起码的责任感都没有的话，又怎么会获得上司的信任呢？"

服从并不只是态度问题，在一定程度上它还反映出一个人政治观念与组织观念的强弱。如果不服从，能否把工作落实到位？答案是否定的。西点军校曾提出了这样一个观点：只有具有服从品质的人，才会在接受命令之后，充分发挥自己的主观能动性，想方设法完成任务；即使完成不了也能勇于承担责任，而不是找各种借口来推脱责任。

> 赢在责任心
> 　　胜在执行力

　　有个年轻人，上司让他去一个新的地方开辟市场，那是个十分偏僻的地方，在很多人看来，公司生产的产品要获得销路是极其困难的。因此，在把这个任务分派给年轻人之前，上司曾经三次把这个任务交给过公司里其他有经验的员工，但是都被他们推脱掉了。他们一致认为那个地方没有市场，接受这个任务最终结果将是一场徒劳。年轻人在得到上司的指示后什么话也没有说，只是带着一些公司产品的样品就出发了。

　　三个月后，年轻人回到了公司，带回了令人振奋的消息，那个偏僻的地方有着巨大的市场。其实，年轻人在出发之前，也认定公司的产品在那里没有销路。但是，由于坚决的服从意识，他毅然前往，并用尽全力去开拓市场，最终取得了成功。

　　年轻人的这种精神应该是所有员工都具备的。无论什么时候，我们都应该做到主动、积极地去完成上司交给自己的任务。不要给自己任何借口和推卸责任的理由，上司要的是结果，而不是你再三地解释原因。也许你会说："不是所有上司的指令都是正确的，上司也会犯错误。"当然了，任何人都可能犯错误，但是，一个高效的组织一定要有良好的服从观念，一个优秀的职员也应该有服从意识。服从不是盲从，上司有错，当然可以指正；命令死板，也不影响我们变通地执行、技巧地执行。但如果不懂得服从，执行也就无从谈起。

　　只有服从，才能执行。这是必须明白的道理。

　　如今企业中也普遍存在着有令不行、拒不服从或者阳奉阴违的现象。一般来说，企业高层的主要责任是决策——做正确的事；企业中层的职责是执行——正确地做事；而基层人员的主要责任就是操作——迅速地完成任务。如果企业员工们缺乏服从的习惯，就会导致执行力下降、效率低下，最终被竞争者淘汰出局。

　　当然，执行力度不够也可能是领导能力的问题，但是根本的原因是服从的问题。如果领导者做了决定，服从者打了折扣，甚至寻找借口不执行决定，最终就会造成有令不行的现象。这时，如果领导者推开下属，自己动手去完成任务，就会造成企业管理的层级没有了，权力下放的通道被堵塞了。这样必然会引发恶性循环：下属更加不负责任、不听指令。领导者去做下属做的事情，遗忘了自己的职责，耽搁了企业存亡的大事。

通常情况下，每个人都各司其职、各就其位，做好本职工作。而当企业突然遭遇一些巨大的危机时，服从便显得尤为重要了。

在执行过程中，有四大标准需要遵守。

第一，服从没有面子可言。面对你的上级，应该借口少一点，行动多一点。在企业中经常会遇到这种情况：有些主管接受一项业务时，不是一次就把事情做了，而是先让交代任务的人走开。"我现在很忙，先放在这儿"，好像马上去做就会显得自己不权威、不繁忙，其实，这样做的主要原因就是好面子。有人戏言，承认自己"在家怕老婆"的人一定能当官，这一观点有其正确的一面。在优秀员工的身上，好面子而延误工作的事绝不会发生。上级一旦安排了工作，他们就会无条件地立刻行动，因为服从面前没有面子可言，而是下属的分内事。

第二，服从还应该直截了当。在企业中，需要这种直截了当、畅通无阻的传递方式。没有"顾忌"、没有"烦琐"、无须"协调"、无须"磨合"，全力而迅速地执行任务。这是一个非常重要的指标，是管理效益的一个非常重要的方面。

第三，接受当先。企业主管做出的任何一个决策都不是一拍脑门就决定的，他的工作是系列化的，你的某项任务只是其中的一个环节，不要因为你的环节影响到主管工作的进程。他之所以将任务分配给你，包含了他个人的判断，而你认为"不可行"，那只是你个人的判断。你可以先接受他分配给自己的任务，如果在执行过程中出现了问题，再去与主管沟通。千万不可马上推辞，并列出一堆理由来说明你的困难，这是最不受领导欢迎的，切记这一点。

第四，随令而动。立即行动是一种服从的精神。企业也应该具有这种精神——随命令而行，不能有一时一刻的拖延。因为每一个环节都即令即动，就能积极高效地在第一时间出色地完成既定的任务，从而使企业成长为"坚不可摧"的组织。

每一位员工都必须服从上司的安排。就如同每一名士兵都必须服从上司的指挥一样。大到一个国家、军队，小到一个企业、部门，其成败很大程度上取决于其成员是否很好地贯彻了服从的观念。军人以服从命令为天职，员工则应该以服从为己任。

3. 不找借口，只想办法

找借口是最损害执行力的一种恶习，只要找借口，一定会导致执行不力。因而，"没有借口"成为众多企业最信奉的工作哲学。它强调的是每一位员工都应该对自己的职业行为准则奉行不渝并坚决执行，而不是为没有遵守行为准则去寻找任何借口，哪怕看似合理的借口。

有的员工在执行中遇到一点小困难就缩手缩脚，止步不前，不想解决问题的办法，却一味地去找借口来搪塞、敷衍，这样怎么可能会执行到位，获得好的结果？通常而言，借口会让人失去信心，会让人处于一种疲软的工作状态中。借口是失败的温床，任何借口都可能把人推向失败的边缘。

借口还是对惰性的纵容。许多人可能都有过这样的经历：早上睡醒后，心里想着该起床上班了，但同时却又不断地给自己寻找借口："没关系，今天不急，再躺一会儿。"于是又躺了5分钟、10分钟、15分钟……而习惯性的拖延者，则通常是制造借口与托辞的专家。他们常常会为没有做成某些事而去千方百计地寻找借口，或想出各种各样的理由为任务未能按计划完成而辩解。"这项工作任务实在是太困难了""我不是故意的，只是有点粗心罢了""我太忙了，忘了还有这样一件事""老板规定的完成期限太紧了"……遇到问题后不是积极主动地去想方法加以解决，而是想方设法寻找借口，只会让工作变得越来越困难。长此以往，借口就会变成一种习惯，就会成为失败者的温床。这样的员工总是在找各种借口来掩饰失败，欺骗领导与公司，最终一事无成。

我们要做到在工作中不找借口，在困难中不找借口，在失败中不找借口，因为成功永远不属于那些只会为失败寻找借口的人！为自己的错误寻找借口，结果往往是搬起石头砸自己的脚，最后受害的还是自己。只有大胆去面对问题，主动想办法解决问题，才能真正解决问题。

一位小男孩13岁那年，有一天父亲突然递给他一件旧衣服。

"这件衣服能值多少钱？"

"大概一美元。"他回答。

"你能将它卖到两美元吗？"父亲用探询的目光看着他。

"傻子才会买！"他赌着气说。

父亲的目光真诚中透着渴求："你为什么不试一试呢？你知道的，家里日子并不好过，要是你卖掉了，也算帮了我和你的妈妈。"

他这才点了点头："我可以试一试，但是不一定能卖掉。"

他很小心地把衣服洗净，没有熨斗，他就用刷子把衣服刷平，铺在一块平板上阴干。第二天，他带着这件衣服来到一个人流密集的地铁站，经过六个多小时的叫卖，他终于卖出了这件衣服。他紧紧攥着两美元，一路奔回了家。以后，每天他都热衷于从垃圾堆里淘出旧衣服，打理好后，去闹市里卖。

如此过了十多天，父亲突然又递给他一件旧衣服："你想想，这件衣服怎样才能卖到20美元？"

"怎么可能？这么一件旧衣服怎么能卖到20美元，它至多值两美元。"

"你为什么不试一试呢？"父亲启发他，"好好想想，总会有办法的。"

终于，他想到了一个好办法。他请自己学画画的表哥在衣服上画了一只可爱的唐老鸭与一只顽皮的米老鼠。他选择在一个贵族子弟学校的门口叫卖。不一会儿,一个管家为他的小少爷买下了这件衣服,那个十来岁的孩子十分喜爱衣服上的图案,一高兴,又给了他5美元的小费。25美元,这无疑是一笔巨款!相当于他父亲一个月的工资。

回到家后,父亲又递给他一件旧衣服:"你能把它卖到200美元吗?"父亲目光深邃。这一回,他没有犹豫,他沉静地接过了衣服,开始了思索。

两个月后,机会终于来了。当红电影《霹雳娇娃》的女主角拉佛西来到纽约做宣传。记者招待会结束后,他猛地推开身边的保安,扑到了拉佛西身边,举着旧衣服请她签名。拉佛西先是一愣,但是马上就笑了,没有人会拒绝一个纯真的孩子。拉佛西流畅地签完名。

他笑着说:"拉佛西女士,我能把这件衣服卖掉吗?"

"当然,这是你的衣服,怎么处理完全是你的自由!"

他"哈"的一声欢呼起来:"拉佛西亲笔签名的运动衫,售价200美元!"经过现场竞价,一名石油商人以1200美元的高价买了这件运动衫。

回到家里,他和父亲,还有一家人陷入了狂欢。父亲感动得泪水横流,不断地亲吻着他的额头:"我原本打算,你要是卖不掉,我就叫人买下这件衣服。没想到你真的做到了!你真棒!我的孩子,你真的很棒……"

一轮明月升上山头,透过窗户柔柔地洒了一地月光。这个晚上,父亲与他抵足而眠。父亲问:"孩子,从卖这三件衣服中,你明白了什么?"

他感动地说:"只要开动脑筋,办法总是会有的。"

父亲点了点头,又摇了摇头:"你说得不错,但这不是我的初衷。我只是想告诉你,只要你相信自己能做到并去行动,你就能做得到并且做得更好。"

想办法就会有办法，只要努力去想，方法总比问题多。每个人的潜力其实都是巨大的，能否将自己在工作中的执行力提升到更高的水平，关键不在于你能否做到，而在于你是否认为自己能够做到。内心的渴望能够给行动带来巨大的动力，相信自己能够做得更好，能够比现在的执行力再提升一个档次，你往往就能在强大心理的驱使下真的做到这一点。

拿破仑曾经说过："我成功是因为我志在成功。"如果没有这种毅然的决心和坚定的信心，相信成功也会与他无缘。关于信心的威力，实际上并没有什么神秘可言。信心起作用的过程是这样的：当你有了相信"我能做到"的态度，产生了能力、技巧与精力这些必备的条件，自然就会想出如何去做的方法，那么成功也就顺理成章了。

工作中的事同样如此。如果你从一开始就相信自己能够在工作中表现出更强大的执行力，把工作做得比之前更好，那么你就会想尽办法去达成这一目标，最终的结果往往是你真的做到了。而如果从一开始你就认为自己不可能做得更好，那么你就会放弃思考和努力，当然也就不能有所突破。

多想办法，少找借口。只要愿意去想，方法总是有的。工作中遇到实际的突发困难在所难免，善于寻找解决问题的方法，那么什么困难都会解决。

几年前，张杰还是一家建筑材料公司的业务员。当时公司最大的问题是如何讨账。公司产品不错，销路也不错，但产品销出去后，总是无法及时收到货款。

有一位客户，买了10万元的产品，但总是以各种理由迟迟不肯付款。公司派了三批人去讨账，都失败了。当时张杰刚到公司上班不久，就和另外一位姓张的员工一起，被派去讨账。他们软磨硬泡，想尽了办法，最后，客户终于同意给钱，叫他们过两天来拿。

两天后他们赶去，对方给了一张10万元的现金支票。

「赢在责任心
　　胜在执行力」

他们高高兴兴地拿着支票到银行取钱，结果却被告知，账上只有99000元，很明显，对方耍了个花招，这是一张无法兑现的支票。第二天就要放春节假了，如果不及时拿到钱，不知又要拖延多久。

遇到这种情况，一般人可能就放弃了，但是张杰突然灵机一动，拿出1000元，让同去的小张存到客户公司的账户里去。这样一来，账户里就有了10万元。他立即将支票兑了现。

当他带着这10万元回到公司时，董事长对他大加赞赏。之后，他在公司不断发展，5年之后当上了公司的副总经理，后来又当上了总经理。

想办法就会有办法，变通地执行，是最高的执行力。这样的员工，既能灵活理解上级决策，又可以在工作中灵活执行；不拘泥于领导决策而死板执行，而是创新上级决策开拓执行，不为困难找借口，只为问题找方法，执行的目的只有一个，那就是更快更好地完成工作和创造效益。

根据现在的情况为实现目标而改变策略吧！如果你的确感到行不通的话，就请尝试另一种方式。第二次世界大战期间，美国海军陆战队上将罗伊·S·盖格在一次训话中讲道："你们只有一个脑袋，必须要有两种功能，我要求你们用左脑去服从，用右脑去创造！"同样，现代职场也需要会想办法、善于变通执行的员工。只会机械听命、死板执行、遇到问题不会想办法的员工，是不会被委以重任的，只有那些能够在执行中充分发挥主观能动性和创造性的员工才能够脱颖而出，获得认可。

汤姆和鲍勃同时进入一家快餐店，干的都是服务员的工作。他俩的年龄也差不多，薪水也差不多，可是工作没多久，鲍勃就得到了老板的褒奖，很快被加薪，而汤姆仍然在原地踏步。汤姆心里不平衡，很是不满。面对汤姆和周围人士的怀疑与不解，老板决定用事实说话，让他们站在一旁，现场观看鲍勃是怎样完成服务工作的。

鲍勃站在冷饮柜台前，一位顾客走过来要一杯麦乳混合饮料。

鲍勃很聪明，不只卖冷饮，还要顺便卖鸡蛋。只见他微笑着对顾客说："先生，你愿意在饮料中加入1个还是2个鸡蛋呢？"

顾客回答说："哦，1个就够了。"

于是，快餐店除了卖了1杯冷饮外，还多卖出1个鸡蛋。在麦乳饮料中加1个鸡蛋通常是要额外收钱的。

欣赏完鲍勃的完美工作后，经理对大家说道："据我观察，我们很多服务员是这样提问的：'先生，你愿意在你的饮料中加1个鸡蛋吗？'而这时顾客的回答一般是：'哦，不，谢谢。'对于这样一个能够在工作中主动思考问题、想办法为店里增加效益的员工，我没有不给他加薪的理由。"

执行不仅要求我们要有较强的行动力，还要有较强的思考能力和创造力。如果你能够在执行任务的过程中充分发挥自己正确的思考能力和创造能力，积极地寻找解决问题的办法，那么你就会把任务变成自己成长的基石。

4. 把借口清零，让执行更高效

"因为条件还不成熟，没办法去做。"

"因为已经来不及了。"

"因为对方不配合，我才没能更好完成工作，我已经尽力了。"

> "工作环境太嘈杂了,所以我才不能集中精力。"
>
> "我并没有不负责任,没有人明确说这件工作应该我来做。"
>
> ……

像这样的语言,你在工作中是不是经常听到?这些就是我们常用的借口。像这样的借口还有很多很多。对于不想负责、执行力低下的人来说,要找到为自己开脱的借口,可以说是非常容易。

有的人执行不力或是不愿努力去执行时,就给自己找借口说"条件还不成熟"。可是,在我们的许多行动中,若要等到全部条件具备以后才开始行动,那很可能会丧失机遇。世间永远没有绝对完美的事,"万事俱备"只不过是"永远不可能做到"的代名词。

有的人不执行,借口是"行动已经来不及了"。这种借口只能是自欺欺人的伎俩。行动在任何时候都不会晚。不是有一句哲语说,"栽下一棵树最好的时机,一个是十年前,另一个是现在"吗?想做一件事,从现在开始,绝对不会晚。或许在这之前我们错失了一些好的机会、条件,或者因为自己错误的行为产生了一些不好的后果,但是,在一切事态已经成为事实的情况下,我们只有一条路:那就是行动。除此之外,就只能是放弃和失败。

我们行动的目的是为了找回失去的机会或条件,弥补损失和过错,让事态恢复到正常水平或者为行动提供条件。

行动真的来不及吗?来不及只是给自己的"不去做"找一个台阶的借口而已。

"来不及"是消极的心态,对自己要有信心,相信自己有能力补救失去的东西,也只有如此,你才有成功的希望。如果你承认放弃,那就是永远的失败。

借口是什么?借口不过是逃避责任的挡箭牌,能力低下的遮羞布,美化失败的万能器。寻找借口唯一的"好处"就是把属于自己的过失、无能、愧悔和不负责任掩盖住,把应该自己承担的责任转嫁给他人。不过这样不论是对工作、对自己、对企业,都没有半分好处!有多少人把宝贵的时间和精力放在了如何寻找一个合适的借口上,而忘记了自己的职责和责任,导致一生一无所成!

阿里巴巴的总裁马云曾在《赢在中国》节目中说过:"最不受高层欢迎的人就是那些喜欢发牢骚,总是找借口的人,这种光会耍嘴皮子的人不仅自身的工作效率低下,而且还会大大降低团队效率。"那些喜欢发牢骚、找借口的人总是告诉自己因为某种原因不能做某事,自己做错事都是外界原因所致,久而久之,他们就认为这些借口都是"合理的,理智的",最终,他们也会没有任何成绩和建树。成功者永远是那些不找借口、高效执行的人。

在《中国达人秀》的现场,刘伟空着袖管走了上来,坐到钢琴前。那首《梦中的婚礼》响了起来。曲子结束,全场起立鼓掌。当评委高晓松问他这一切是怎么做到的时候,刘伟说了一句:"我觉得我的人生中只有两条路,要么赶紧死,要么精彩地活着。"

命运给了刘伟一个美妙的开局,却迅速地吹响了终场哨。对刘伟而言,10岁时的记忆,永远是那么残缺不全。1997年,10岁的刘伟因触电意外失去双臂。"怎么触电的?其实我自己是记不起来了,我的这部分记忆已经丢失。"刘伟说,根据别人的说法,刘伟家附近有一个简陋的配电室,墙是用土砌的,很矮,一翻就能进去,里面的电线裸露在外。3个孩子玩捉迷藏,刘伟往墙上爬的时候,触到了高压线。醒来的时候,刘伟已经彻底失去了双臂。"当时我的脑袋一片空白,傻了。"刘伟描述着自己当时的心情。

但是,失去双臂的刘伟没有放弃,没有绝望,也没有抱怨老天的不公,刘伟开始重新做回自己。

19岁时,高考临近,刘伟的成绩并不差,但是他的内心却有了疑虑,到底要不要上大学?在放弃了最擅长的足球、游泳之后,他把希望置放在他的另一项爱好上——音乐。家人反对他走音乐这条路,但没有成功。刘伟最终没有参加高考,家人借钱为他买来一架钢琴。"人最开心的事情就是能从事自己喜欢的职业，所以我最终选择了音乐。"刘伟说。

确定了自己的音乐道路后，第一个问题是，去哪里学习音乐呢？刘伟找到了一家私立音乐学院，然而校长却说："刘伟进我们学校学音乐只能是影响校容。"这样的回答对刘伟来说无疑是莫大的羞辱，然而刘伟面对这样的歧视并没有抱怨。他回应说："谢谢你这么歧视我，我会让你看看我是怎么做的。"

刘伟开始用脚来学习练琴，可以想象这需要付出多大的努力，要知道很多正常人用手练了很多年都不一定会有成就。为了能够有收获，刘伟每天练琴时间超过7小时。"我是三点一线的生活：练琴、学音乐、回家。我家在五道口，练琴的地方在沙河，学音乐的地方在四中，那时真是精神和体力的双重考验，但我觉得这没什么可埋怨的，这就是我该经历的人生。"在脚趾头一次次被磨破之后，刘伟逐渐摸索出了用脚来和琴键相处的办法。就像在足球、游泳上的表现一样，他对音乐的悟性同样惊人。

"没有手，用脚一样能弹钢琴。"刘伟说。

有些不愿努力去做的人，总会寻找各种各样的"客观原因"来给自己没有更好完成工作找到"正当理由"。他们认为一切导致自己不能成功的原因都早早就矗立在那里了，一切都不是自己的错。而成功者恰恰相反，不管面对多么糟糕的情况，不管手上的牌有多烂，命运如何多舛，他们都绝不会以任何借口来阻挡自己改变状况、改变命运的脚步！

把借口清零吧，所有的借口都将成为前进路上的绊脚石，只有不找借口，不谈任何条件，认认真真去执行，才是走向成功的态度。没有任何借口的执行，才会更加高效，更加完美。

5. 消除执行障碍，别让"做不到"影响执行

我们都知道，如果你总是认为自己"做不到"，那么你就不可能在工作中表现出高执行力。这种"做不到"的暗示最容易让自己产生怠惰，给高效执行制造巨大障碍，从而影响执行的力度和效果。

当你在工作中想极力发挥自己的执行力，却因为方法不得当或是能力不足而没有达到预想的程度，这其实并不遗憾，也还有挽救的余地。你可以通过自己的努力让做不到变成做得到，让不可能变成可能。然而实际上大部分不能在工作中保持高执行力的职场人并非真的力所不及，而是从一开始就告诉自己"我做不到"，这样造成的低执行力可以说是令人非常惋惜的。

当你从一开始就对自己说"我做不到"时，你的潜能与动力将永远无法被激发，因为你已经从心里放弃了做到某件事情或是完成某项工作的可能，自然也就不会有什么执行力。并且随着这样的想法在心中蔓延，它很快就会影响到你所有的工作。而你越来越多地对自己说"我做不到"的时候，心中的自卑也在不断发展，最终让原本能够做好的工作也因为自信的缺失而再也做不好。

因此，如果对自己说"我做不到"，那么即便你拥有做好事情的能力与执行力，它们也不可能被激发。而如果你在工作中不管遇到什么样的困难都对自己说"我做得到"，潜能就会被激发，执行力也将提升到极致，那些看似难以解决的问题很可能就会迎刃而解。

　　约翰·库提斯刚出生时，身体严重畸形，只有一只矿泉水瓶大。他生下来后，医生看着他罕见微小的样子，断定他不会活过

当天。然而，令人意想不到的是，这个"矿泉水瓶"男孩儿却活了下来，并在父母的精心呵护下一天天成长起来。如今的他，不仅让当年一再为他的生命设限的医生张口结舌，也让世人为之惊叹。这个至今"身高"还不到1米的演讲天才，他受到过南非前总统曼德拉的接见，并且与美国前总统克林顿同台演讲过。他不但喜欢驾车、钓鱼、看球赛，还做过残疾人游泳、跳水、橄榄球、乒乓球教练……

因为残疾和病痛，1969年出生的约翰·库提斯这些年究竟吃了多少苦，受了多少罪，他自己也说不清。他只记得早在上小学时，曾因为身有残疾，被其他健康的孩子追得到处躲藏。有一次，一群孩子把他绑起来，用胶布封上嘴，把他扔进了垃圾桶里，然后点上火企图把他烧死。当时，垃圾燃烧生出浓烟，发出"噼里啪啦"的声音，把他吓得几近窒息。为了活命，他在垃圾桶里拼命扭动，直到把身边的火苗扑灭。就在他奄奄一息时，才被人发现救了出来。在他17岁那年，由于下肢疾病的恶化，他不得不从腿部截肢，剩下的"身高"不足1米，从此，他成为名副其实的仅有"上半身"的矮人。

但他不甘心听从命运的安排，他要活出自己的精彩。他决心以自己的亲身经历现身说法，鼓励更多的人挑战命运。在8年多的激情演讲中，他"走"过190个国家和地区，成为闻名世界的传奇式人物，并被誉为世界激励大师。而他在"走"向各个国家和地区的演讲征程中，经常会用一只胳膊支撑着"全身"，腾出另一只手推动滑轮，驱动不到1米高的躯体在地面上快速前行。他的头始终高昂着，神情中甚至有几分骄傲。有人对他如此"卖力"和不珍惜自己的身体有些不解，而他总是充满自信地说："我这样做的唯一原因就是为了证明没有不可能！"

约翰·库提斯没有下肢，但他却有驾照。他经常在演讲中提到他申请驾照时的一段"趣闻"。当时他坐在椅子上，接待他的小姐坐在柜台里，只能看见他的上半身，便问他有没有残疾。"怎么跟你形容呢？"约翰·库提斯煞有介事地说，然后猛地双手撑住柜台跳了起来："这算不算残疾？"当时吓得接待小姐几乎晕过去。他在对人介绍自己时说："你们看到的我没有双腿，但我却能做很多的事情，而有的人四肢健全，却什么也做不成，整天抱怨，为什么我不能这样，不能那样。"在到一些地方演讲时，他不止一次地对听众说："现在我来到这里，就是想用自己的成长经历来激励别人——无论你现在的状况有多差，要永远相信自己能做到让未来更美好。我现在每天都很忙，在世界各国演讲，我是在激励别人也是在激励自己。别对自己说'不可能'，这是我这样一个高度残疾人永恒的信念，但愿通过我的演讲激励，它也会成为许多身体健全者的信念。"

在我们的生活当中，我们没有约翰那样崎岖的经历，或许你觉得生活中的一切都是理所当然，或许一切都是命中注定。但是，你是否想过，假使上天给了你和约翰同样残缺的身躯，你是否能够像他一样取得巨大的成功，让世人震撼？他的残疾我们可以看得到，那么我们看到了自己的"残疾"了么？

很多人四肢健全、智力超群，却无法在事业上达到成功，究其原因是总对自己说"我做不到"而渐渐让自己的内心变得"残疾"。只要努力，世界上就没有什么不可能！所以，不要总是把"我做不到"拿来给自己作借口，挡住自己前进的脚步。只有当你在工作中只对自己说"我做得到"时，你才算是站上了奔向成功的起跑线，接下来你需要思考的就是如何跑得更快。所以，务必消除影响执行的各种障碍，让自己顺风而行，执行更加顺畅，从而取得好的执行效果，赢得人生的成功。

具体说来，执行中的主要障碍有。

（1）没有自信，不相信自己能做到最好

这就是我们前面说的"我做不到"。有这样的心理，还没开始执行就已经给自己设定了障碍，执行如何能顺畅和高效？所以，高效执行，首先要消除"我做不到"。别再对自己说"我做不到",别再认为自己只能被命运摆布。与其如此,不如相信自己能够主宰自己的职业生涯,相信自己能够做得到任何事情。坚持这样想,你已经获得了一半成功。

(2) 目标模糊,不知道要达到什么样的执行效果

很多人执行时糊里糊涂,不知道该做到什么样子,达到什么样的目标,执行时就是蒙头向前闯,导致执行低效。要消除这一障碍,就要明白所做工作的价值和意义;提出明确的时间要求,让目标更清晰、可量化。这样执行起来就更明确,障碍更少。

(3) 眼高手低,事情不成失去继续执行的信心

很多职场人眼高手低,看似什么都会,实际上什么都干不好,接任务时信心满满,一做就发现这也难那也难,信心顿失,于是开始消极怠工,导致执行力低下。这是执行不力的又一大障碍。所以不要眼光太高,总是想要去完成一些目前自己根本没有能力做到最好的工作,否则结果一定不尽如人意。应该从工作中那些最简单的日常事务做起,先努力在做这些事上表现出更强的执行力,把最简单的工作做到最好甚至极致。磨炼工作能力后,再逐渐向更难的目标前进,这样是不是能把复杂的工作做得更好,使执行力大大提高呢?

要消除这一障碍,就得改变心态,不要看不起工作中的"小事情",工作本就是一件件琐碎事情的集合,坚持做好工作中的每件事,你就是在为自己积累能做到任何事的资本。如果你除了做好自己的本职工作,还能将每一件工作都做到极致,像庖丁解牛,会怎样呢?结果不言而喻。《士兵突击》中有句台词:他做的每件小事就好像抓住一根救命稻草一样,到最后你才发现,他抱住的已经是参天大树了。

(4) 方法不对

我们常说,"方法不对,越干越累",优秀的执行是需要方法的。岳飞靠发明钩镰枪,教给士兵钩马腿而大破金兀术的拐子马。如果没有这个可行的方法,岳家军再勇猛也未必能取胜。没有好的方法必然导致执行不力。要消除这一障碍,就要求我们在执行时一定要学会找方法,想办法,

低头拉车的同时也抬头看路，变通执行，巧妙执行，用最恰当的方法执行，让执行高效起来。

（5）经不起失败

经不起失败也是导致执行不下去的一个重要障碍。其实任何一个任务的执行都不可能一帆风顺，都会遇到这样或是那样的困难，失败是再平常不过的事情。但有的人却恰恰经不起失败，失败一次就一蹶不振，再也不想开始，于是导致执行停滞。如果不消除畏难情绪，不敢面对失败，执行力也是很难提升上去的。

总之，执行是一个复杂的过程，并非简单的事。要执行到底，取得好的效果，消除执行的障碍是非常必要的。

第六章
执行需要方法，生搬硬套做不好事情

　　执行是需要方法的。只会盲目服从、机械听命、生搬硬套、僵化执行的人，很难有圆满的执行结果。要学会找方法、想办法，低头拉车的同时也抬头看路，学会变通，懂得机变，用最恰当的方法让执行高效起来。

「赢在责任心
　　　胜在执行力」

⏰ 1. 灵活机动，寻找最佳执行方法

优秀的执行，不仅需要执行的决心和毅力，更需要执行的方法。俄罗斯有一句谚语："巧干能捕雄狮，蛮干难捉蟋蟀"，最高效的执行，一定有最高效的方法在支撑。所以，执行切忌死板，需要我们找到最佳的执行方法，从而使执行高效而有力。

执行不讲方法，等于蛮干。蛮干不仅不会做好事情，在一定程度上来说，还不如不干。

当今社会讲究效率，谁的速度快，谁就是胜利者。工作中，谁能在第一时间完成任务，谁就是优秀工作者，所以提高效率就成了所有人追求的目标。提高效率的方式有多种，比如做事有条不紊，重要的事情先做，还有就是要讲究方法和技巧。

在执行中采取适当的方法，可以起到"四两拨千斤"的效果。就是能够用最小的努力取得最好的结果，这其中非常重要的当然是一个"巧"字。要抓住最关键的地方和抓住最佳的时机，巧妙地用力，自然可以将看起来很困难的任务完美地执行下去。

在意大利有一个小村庄，村里除了雨水没有任何水源，为了解决饮水问题，村里人决定对外签订一份送水合同，以便每天都能有人把水送到村子里。村子里有两个年轻人，分别叫布鲁诺和柏波罗，他们愿意接受这份工作，于是村里的长者把合同同时给了这两个人。

签订合同后，布鲁诺便立刻行动起来。他每天在十公里外的湖泊和村庄之间奔波，用两只大桶从湖中打水运回村庄，倒在由

村民们修建的一个结实的大蓄水池中。每天早晨他都必须起得比其他村民早,以便当村民需要用水时,蓄水池中已有足够的水供他们使用。由于起早贪黑地工作,布鲁诺很快就开始挣钱了。尽管这是一项相当艰苦的工作,但他还是非常高兴,因为他能不断地挣钱,并且他对能够拥有两份专营合同中的一份感到满意。柏波罗呢?自从签订合同后他就消失了,几个月来,人们一直没有看见过他。这令布鲁诺兴奋不已,由于没人与他竞争,他挣到了所有的水钱。那么,柏波罗干什么去了?原来,柏波罗做了一份详细的商业计划书,并凭借这份计划书找到了4位投资者,和自己一起开了一家公司。六个月后,柏波罗带着一个施工队和一笔资金回到了村庄。花了整整一年时间,柏波罗的施工队修建了一条从湖泊通往村庄的大容量的不锈钢管道。

后来,其他有类似环境的村庄也需要水。柏波罗便重新制订了他的商业计划,开始向全国甚至全世界的村庄推销他的快速、大容量、低成本并且卫生的送水系统,每送出一桶水他只赚10分钱,但是每天他能送几十万桶水。无论他是否工作,无数的村庄每天都要消费这几十万桶水,而所有的这些钱都流入了柏波罗的银行账户中。

从此,柏波罗幸福地生活着。而布鲁诺在他的余生里仍然拼命地工作着,而且还会为未来担忧。

在工作中,我们是否问过自己:"我究竟是在修管道还是在挑水?""我只是在拼命地工作还是在聪明地工作?"事实上,仅仅勤奋是远远不够的,能干的不如巧干的,要勤奋更要聪明地工作,创造性地工作!

工作中,有的人会发现自己付出的辛勤汗水并不比别人少,但成绩却总没别人好,究其原因,主要是方法技巧问题。没有一成不变的工作任务,处置不同的情况,需要我们因时因地制宜,做出不同的决策。做事时,需要一种求实的态度和科学的精神,在任何情况下都要按科学规律办事,自觉用理智战胜冲动,用科学的方法代替蛮干。工作中没有一成不变

赢在责任心
胜在执行力

的工作任务，处置不同的情况，需要我们因时因地制宜，做出不同的决策。做事时，需要一种求实的态度和科学的精神，在任何情况下都要按科学规律办事，自觉用理智战胜冲动，用巧干代替蛮干，这才是通往成功的捷径，也是让问题得到圆满解决的关键。

　　日本丰臣秀吉当政时期，有一次，一场暴雨使得河坝溃决。当时情况非常危险，丰臣秀吉立刻赶到现场指挥，鼓舞部下士气。然而溃决河堤必须用土包才能堵塞得住，而土包的制作需要很长时间，雨势却愈来愈凶猛，水位也跟着逐渐上涨。

　　就在大家议论纷纷、束手无策的时候，石田三成跑过来，他打开米仓，命令将士们将米袋搬出来，去堵塞堤防的决口。由于这项随机应变的措施，避免了一场大灾难的发生。不久，雨势渐缓，水位也下降了。

　　这时，石田三成发布声明：如果附近的居民能够制造出可以堵住河堤缺口的土包，米袋就用来做奖赏。周围的人纷纷响应，制造了许多坚固的土包，因此在很短的时间内，堤防就修好了，而且比以前更加牢固。看到这种情形，丰臣秀吉赞叹不已。

　　石田三成的随机应变给了我们一个启示：面对变化层出、意外不断的事情，冷静处理、善于变通，将使问题迎刃而解。

寻找最佳方法，就是要善于变通。变是成功的重要法则。在汉语里面，有很多反映思想僵化的词语，比如"死板""呆板""顽固"等。很多人之所以处处碰壁，最重要的原因就是不会变通。

变通是有层次的：有的人在小事上很机灵，可以说是"八面玲珑"，而在大事上却很糊涂。有的人对于眼前的利益斤斤计较，而看不到长远，有的人只会"一是一，二是二"，不会举一反三……穷则变，变则通，通则久。遇到困难就要改变，只有改变，才能克服困难，走向成功。美国著名人物罗兹说："生活的最大成就是不断改变自己，以使自己悟出生活之道。"由此可知，变通会让我们遇到困难和变化时找到合适的方法。这种方法有两大特点：一是根据客观情况的变化而改变自己。二是深刻理解了变化原因之后，努力去引导变化、驾驭变化，从而找到最佳的执行方法，让执行高效起来。

要想在工作中学会巧干，首先要把找到工作方法、制订工作方略排在最重要的位置上。在工作一开始就集中精力先去思考最有效率的工作方法，最恰当地完成任务的策略，而不是一上来就用埋头苦干把精力耗光。试想，如果一上来就开始埋头干活，那么就不可能将关注点放在优化工作方法与策略上，很可能会用一种效率极低的方式甚至是完全错误的策略去工作，结果自然是白白浪费不必要的精力。而等到意识到这一切时，已经精疲力尽，根本想不出好方法了。如果能够从一开始就在精力最充沛的时候去完成"战略制订"，那么往往就能想出更科学、更有效率的工作方法，在制订工作方略的过程中也能始终保持正确的判断。

其次，要明白有时选择比努力更加重要，不要总是不加区分地接受所有的工作，这只会导致执行困难。如果你总是一股脑地接受所有出现在面前的工作，最终只能顾此失彼，因为一些无关紧要的事情而在关键问题的处理上出现纰漏，这犹如买椟还珠。学会做出选择，选择那些必须要做的重要工作和能够获得更长远发展的"有价值"的工作，放弃一些本不该去做或是完全不影响整体工作的琐事，这能省下不少精力与时间，使执行更高效。

最后，要让自己尽可能地掌握更多的岗位知识，在实际工作中去尝试运用这些知识来改变一直以来固有的工作模式，提高执行效率。有些时候之所以只能守着那些"古董级"的工作方法，是因为汲取的新知识不够、把知识与岗位工作结合的能力不够。选择"埋头苦干"，是因为根本没有去"巧干"的资本。岗位知识永远是改变自己、高效执行的核心力量，而将岗位知识与实际工作结合的能力则是帮助自己更好施展力量的"武器"。因此，一方面需要不断学习新知识，弥补自己在岗位知识上的缺口；另一方面，也需要发挥自己的智慧，积极地将所学的知识与实际工作进行结合，寻找最佳的执行方法，从而真正做到"巧干"，让执行力成倍增长。

⏰ 2. 做好计划，周密执行更有效率

行军打仗，讲究"兵马未动，粮草先行"，执行则更需要"执行未动，计划先行"。周密的计划无疑是保证高效执行的根本前提。凡事"预则立，不预则废"，在工作中有计划习惯的人往往更容易表现出强大的执行力，也更容易抓住工作重心，从而做出一番成绩，成就一番事业。

执行任何任务都应先有个计划，以明确目的，避免盲目性，使工作循序渐进，有条不紊。职场中经常会出现这样的情况，同样一个工作岗位，别人做得紧凑有序，而你却丢三落四。为什么有时候你感觉自己天天在忙碌，而似乎没有任何成果，工作总是裹足不前呢？为什么有时候感觉有许多事要做，却不知道从哪件事开始做呢？在工作中，这些问题也许总是困扰着你，不仅工作效率低还会影响到业绩。究其原因就是没有一个合理的工作计划和时间计划。

工作计划是提高工作效率的前提。我们知道好多企业的计划有年度计划、季度计划、月计划、周计划，这些计划明确了每个月要完成什么任务，每个季度要完成什么任务，以及当年要完成的任务。同样你在自己的岗位上也应该有这样的计划。要明确自己在一段时期内要完成什么任务，然后把任务进一步细化成周、日，就是这周要完成什么事情，今天要完成什么事情，明天要完成什么事情。做好一个完整的工作计划，才能使工作更加有效率、有质量地完成。工作计划是你在工作中表现出更高执行力的重要基础。制订工作计划不仅能够帮助你很好地完成工作，而且可以更快地提高个人工作能力、管理水平，发现问题、分析问题与解决问题的能力。

为什么制订执行计划很重要？因为计划对于执行的进行和执行的结果至关重要。具体说来，计划在执行中有以下重要的作用，这是任何一个执行者都绝不可以忽略的。

（1）督促作用

人是有惰性的。如果没有一个量化的指标，靠人的自觉性来完成一项工作，很容易出现一些想象不到的偏差，比如，完成时间滞后了，质量水平降低了，留下小尾巴了，埋下隐患了……因此，如果制订好一个计划，按照计划的步骤、要求来完成一项工作，结果可能更令人满意，计划起到一种督促与监督的作用，可以预防和纠正执行过程中出现的偏差。

（2）提示作用

人脑不是电脑，很多时候人们忙起来会忘记一些东西。没有制订出具体的计划，很容易无意识或有意识地遗忘或忽略一些环节，然而，如果开始就制订出具体的计划，将这些环节写进计划书中，就可以提示到了某阶段要做哪些工作，这时工作计划可以起到提示的作用。

（3）理清思路的作用

制订工作计划的过程是个思考的过程，制订好工作计划以后，在心中基本上对某个项目已经有谱了。制订的过程中，已经将工作思路理清了，下面做起来自然"水到渠成"。即使是出现一些意外，其最后结果一般也不会有太大的差异。

（4）培养良好习惯的作用

经常制订工作计划，可以使人的生活、工作和学习比较有规律性，养成良好的习惯。因为习惯了制订工作计划，于是让人变得不拖拉、不懒惰、不推诿、不依赖，养成一种做事必须具备的习惯，可以让你脱颖而出。

（5）总结与回顾的作用

在你制订工作计划的时候，你可以回顾以前做的计划中存在的不足，总结出一些经验，然后不断地进步。你每一次制订的工作计划都会比前一次的好一些，因为以前制订的计划项目已经付诸实施或已经完成，完全可以从中总结出哪些方面好,哪些方面不好,因此你在以后的工作中,就可以提前预防再次出现同类问题,让你做起事来得心应手。

可以看到,周密的工作计划,可以从不同侧面帮助我们提升工作质量、工作效率,在我们不需增加时间与精力的投入就能让执行力全面提高。所以制订周密的计划是高效执行的第一步,且必不可少。

当然,一个工作计划,只有满足科学、实用这两方面,才能真正帮助你更好地完成工作,因此在制订计划的过程中也要遵循一些原则。

第一,要清晰地把工作分成几大项,同时要合理安排好各项工作的时间,分清主次,讲求工作效率。例如,在做年度工作计划时,我们可以重点从三方面考虑:第一,归纳自己的岗位工作所涉及的范围,列出工作项;第二,结合之前的工作,找出每项工作的不足之处;第三,根据企业下达的新指令、新任务,以及企业战略新思路,研究出本年本岗位工作的具体做法,要突出特色创新。而对于行政部门的活动等临时工作安排,可以提前制订出年度活动(工作)项目计划。

第二,确定清晰的最终目标,并让一切计划内容为这一目标服务。很多人在做计划的时候常犯一种错误,即把最终的目标设定得太模糊、太笼统,还常常过于完美,不切实际。以"锻炼身体"为例,对于身体素质较差的人来说,将目标定在抵抗力增强,保持一段时间不生病,或者爬六层楼不气喘吁吁等较为合适。如果这个人没有把"好身体"的目标细化成类似的具体指标,或者只是幻想着有一天自己拥有像体育明星那样的身体,那么,他的锻炼计划最后很可能以失败收场。

不仅如此,目标不够清晰会导致难以评价目标是否达成。任务最终的完成状况不好衡量,就很容易使人产生挫败感。多次反复之后,你就会认定自己在相关的任务上没有能力,就会相信自己永远也做不到。用班杜拉的话说,相关的成就经验越缺乏,人们对于自己能够实现愿望的自我效能感就越低,也就越不愿为之付出努力。

世界著名推销大师乔·吉拉德。在15年中,他销售了13001辆汽车,平均每年卖出1425辆(每天4辆),这项纪录被《吉尼

斯世界纪录大全》收入并被誉为"世界上最伟大的推销员"。

吉拉德的成功并非与生俱来，35岁以前，乔·吉拉德是个彻彻底底的失败者。他小时候不喜欢念书，经常逃学，连高中都没有念完。更要命的是，他患有严重的口吃。为了生计，他甚至当过小偷，开过赌场。

"在我人生的前35个年头，我自认是全世界最糟糕的失败者!"走投无路时，吉拉德向朋友求得汽车销售员的工作。60年代，被喻为"汽车城"的全球汽车工业重镇底特律，有39家大型的汽车经销营业所，每家又各有几十名销售员，可以说是全世界竞争最激烈的一处市场。没有丝毫经验的吉拉德就在这时候闯来了。

因为严重口吃，靠嘴谋生的吉拉德必须放慢说话速度，同时他更注意聆听客户的需求与问题。而没有人脉的乔·吉拉德，最初只靠着一部电话、一支笔，和几页电话簿就开始工作。只要有人接电话，他就记录下对方的职业、嗜好、买车需求等生活细节，虽吃了不少闭门羹，但多少有些收获。曾有人在电话中用半年后才想买车的理由打发他，而半年后，乔·吉拉德便提前打电话给这位客户。就是靠着掌握客户未来需求、紧迫盯人的超常毅力，吉拉德从对手如云的底特律，谋出一条生路。

吉拉德曾在一次演讲中说道："很多人早上起床后，糊里糊涂地过了一天，不知道生活的目标是什么？还有人总在等待机会的到来，期望一条大鱼撞到自己怀里。上帝才知道这种人是否能成功？我绝对不做这种人！我每天都有目标，而且是前一天就计划好的。不管别人怎么摸鱼，我只管捕自己的鱼。"

正是因为给自己设立了清晰、切合实际的目标，因此吉拉德最终才能从一个口吃者变成了一个靠"嘴"吃饭并吃得比别人都好的成功者。

第三，在工作计划中要像找卫生死角一样找出工作死角点。在工作中每个人都分管不止一项工作，而有些工作做起来有些困难，可能就暂时放下了，时间一长，自己忘了，领导也没有过问，那么这个工作就成为一个工作死角点，而这些死角点积累多了势必会影响你的工作执行力。同时，能否让自己的工作无死角也是衡量一个人工作态度和对企业忠诚度的具体体现。其实当你在工作中遇到困难时，不妨换个角度、换个思路去考虑，不要把工作复杂化了。在制订计划的时候一定要能够发现自己计划中可能存在的死角，并将它们一一排除，这样才能够让你的计划面面俱到，不遗漏工作的任何一个方面。

第四，工作计划要注重细节的力量。在做工作计划时要认真思考，好的工作计划应像目录树一样，层次分明，环环相扣，是一个完整的体系。用完整的工作计划去指导我们的工作，会达到省时、省力，事半功倍的效果。

优秀的工作计划就好像你的一张工作战略"地图"，有了"地图"的指引，往往能让你在工作中少走不少弯路、错路，少掉进一些陷阱，少遗漏重要的环节，这就等于是在增强你的工作效率，提升你的工作质量，让你展现出更好的执行力。

3. 事分缓急，先把重要的事情"搞定"

执行要高效，就必须学会给自己的工作"排序"，分清工作的轻重缓急。遍布全美的都市服务公司的创始人亨利·杜赫提说过，人有两种能力是千金难求的无价之宝：一是思考能力；二是分清事情的轻重缓急，并妥善处理的能力。把精力集中在最重要的事情上，是很多成功人士所奉行的重要原则，也是高效执行的重要前提。

白手起家的查理德·洛曼经过12年的努力后，被提升为派索公司的总裁。他总结自己的成功之道时说："我每天早晨5点起床，因为这一时刻我的思考力最好。我计划当天要做的事，并按事情的轻重缓急做好安排。这样，我每天的工作效率就能远远超过其他人。"

弗兰克·贝格特是全美最成功的保险推销员之一，他的成功同样是给工作"排序"：优先安排最重要的工作。每天早晨不到5点钟，他便把当天要做的事安排好了——今天要拜访的客户、要做的事情、要安排的会谈等，按轻重缓急的程度排好顺序，就能保证重要的事情一定有充裕的时间来完成。

高效能人士经常在工作中忙于要事，他们能分清事情的主次，知道哪些事是需要做的、哪些事是不需要做的、哪些事关照一下就行、哪些事干脆应该放弃……从而在最重要的事情上付诸充足的时间和精力。而这，正是高效执行力的关键。

凡事都有轻重缓急，重要性最高的事情，应该优先处理，不应该和重要性最低的事情混为一谈，越重要的事越要放在前面优先完成，这样才能提高工作效率。

许多重大目标无法达成的主因，就是因为你把大多数时间都花在次要的事情上。所以，你必须学会根据自己的核心价值，排定日常工作的优先顺序。建立起优先顺序，然后坚守这个原则，并把这些事项安排到自己的例行工作中。

安排工作顺序要遵从的首要原则，就是分轻重缓急。你可以把工作轻重缓急的程度分为四个层次。

（1）重要但不紧急

我们工作之中，大多数真正重要的事情都不是急的，可以现在或稍后再做。实际上我们却往往把这些事情无休止地拖延下去。对这类工作的注意程度，可以分辨出一个人办事有没有效率。正确的方式是：要把这类工作作为第一优先的事情。只有当你把主要精力用在"重要而不紧急"的事上，你才能从容应对。记住一个原则：把最重要的事做到最好，不值得做好的事，就不值得去做！

（2）重要又紧急

这些事情看上去比任何事情都要优先，似乎必须立刻去做。而这样的结果是：你会嗜急成瘾，永远忙忙叨叨。其实，最好的时间管理，就是让这类事越少越好。

（3）不重要但紧急

这一类是表面上看起来需要立刻采取行动的事情，但客观而冷静地分析一下，我们就可以把它们列入次优先工作中去，或者，让别人去做。

（4）既不重要也不紧急

我们常常在做重要的事情前先做它们，这是本末倒置。因为这些事情会让你分心，它们给你一种有事可做和有成就的感觉，使你有借口把重要的工作向后拖延。这是许多能力不够而又身居高位的人的最大弱点。

我们大多数重大目标无法达成的主因，就是因为把大多数时间都花在次要的事情上。所以，我们必须学会根据自己的核心价值，建立起优先顺序，然后坚守这个原则，并把这些事项按照轻重缓急的层次安排到自己的例行工作中。

当你按照轻重缓急将工作任务进行排序后，还要对那些必须目前就干的工作有效地进行排序组织。排序组织工作的方法有如下几条，既可以单独使用其中一条，也可以互相配合使用。

第一，同时综合进行多项工作。办事要有顺序，并不是同一时间内只能办一件事，而是运用系统论、运筹学等原理，同时综合进行几项工作，这样效率就会大大提高。

第二，把若干步骤结合起来。有两项或几项工作，它们既互不相同，又互有联系，实质上又是服务于同一目的，因而可以把这两项或几项工作结合为一，利用其相同或相关的特点，一起研究解决，这样就能节省时间。

第三，改变步骤的顺序。考虑做工作时采取什么样的顺序最合理，善于打破自然的时间顺序，采取电影导演的"分切""组合"式手法，重新进行排列。

第四，尽可能把不同性质的工作内容互相穿插，避免打疲劳战。如写报告需要几个小时，中间可以找人谈谈别的事情，让大脑休息一下。

分清轻重缓急，设计优先顺序，要务优于急务，选择优先速度，这是高效工作的精髓。但这里还有一点需要注意，在给你的工作进行排队时还应尽量避免由于排序问题产生"急务"。这就要求你平时尽量多处理要务，让工作任务的排序更紧密一些，减少中间的空余时间，这样可以减少任务的堆积，降低既是要务又是急务的产生概率。

学会科学合理地给自己的工作排序，并把它应用到实际工作当中优化执行方法，执行力就会有显著的提高。否则你永远都不会在工作中感到安心，会一直觉得陷于一场无止境的与时间的赛跑，永远也赢不了。

4. 分解目标，一步一步认真执行

目标是执行的首要因素，没有目标，将无法执行。众所周知，成功者有理想，有追求，有上进心，并且都有明确的奋斗目标，经过努力奋斗，最终获得成功。由此可见，目标不仅是奋斗的方向，更是一种对自己的鞭策。有了目标就有了热情；有了积极性，才有使命感和成就感。有了明确目标的人，会感到心里很踏实，生活很充实，注意力也会集中起来，不会被繁杂的事所干扰，干什么事都胸有成竹。因此，要想获得人生成功，就要树立远大的目标，并为之努力奋斗。没有目标的人，就好像一艘没有舵的船，漂流不定，只会搁浅在失望的泥滩中。人生成功与否，关键是看有没有明确的奋斗目标，没有人生目标就没有远大的志向，没有远大的志向，也只能停留在原地，听天由命。

目标，就像一道分水岭，它能够轻而易举地将那些资质、能力相似的

> 赢在责任心
> 胜在执行力

人分化成少数的精英人物与多数的平庸之辈。那些有着清晰目标的人，往往能够掌握自己人生前进的方向，能够主宰自己的命运，而后者由于没有明确的目标，不知所从，随波逐流，枉度一生。一个坚定地向目标迈进的人，整个世界都会为他让路。

在19岁那一年，孙正义制订了自己的50年工作目标：30岁以前，要成就自己的事业，光宗耀祖！40岁以前，要拥有至少1000亿日元的资产！50岁之前，要做出一番惊天动地的伟业！60岁之前，事业成功（营业规模至少一兆日元）！70岁之前，把事业交给下一任接班人。

为了实现自己的远大目标，孙正义一直都在进行着不懈的努力。当他还在上学的时候，就曾勾画了40个公司的雏形，并设计了一个50年创建公司的计划。虽然当时这么想，但他还不知道他到底要干哪一个行业。

在1979年前后，孙正义还是个一文不名的穷学生，当时正在美国加利福尼亚大学伯克利分校就学。为了娶他的女朋友优美，孙正义开始考虑如何赚钱。

有一天，孙正义表情严肃地对优美说："我决定不再花家里的生活费了！这意味着我可能连自己都养不活了。"优美听后，吓了一跳，睁圆了两只大眼睛。孙正义这句话的另一层意思是，他早就想要娶优美，但是结婚，必须要能养活家人。

孙正义规定自己一天中除学习以外的时间只有5分钟。随着对伯克利分校的日益熟悉，孙正义的生活也变得轻松起来。有了余裕的时间。他开始思索，有没有这样的工作，一天只做5分钟，一个月赚100多万日元呢？

既没有资本又没有关系，怎样才能实现自己的赚钱目标呢？有一天，孙正义突然灵机一动，想到了申请专利这个方法，然后靠卖专利赚钱。

这时候的孙正义虽然喜欢发明创造，却从未接触过发明专利。他必须尽快弄清楚什么样的发明才能成为专利以及专利的技术含量，然后再着手实际的发明。孙正义给自己规定一天想出一个发明后，便开始每天在发明簿上用英语记录发明创意，日积月累，居然写出了250多个发明。其中有一款袖珍翻译器，他还雇了一个教授制造出翻译器样机，然后申请了专利，以一百万美元的价格，把翻译器卖给了 Sharp 公司。至今 Sharp 公司仍把翻译器的技术应用在其 Wizard 个人电子管理器中。

孙正义曾说："一旦下决心成为第一，便积极朝着这个目标努力迈进，这是我个人的工作信条。"

目标是个人、部门或整个组织所期望的成果。古今中外，无数成功者的事例告诉我们，不管结果多么渺茫，目标一定要远大，要有足够的难度，而且能吸引你为之不懈努力，全力以赴，这样你就很有希望获得成功。

但在工作中，有很多人有高远的目标，却总是无法实现，最终还落个眼高手低的恶名，这又是为什么呢？

唯一的原因，就是没有能好好地执行。这是因为"目标"本来就是个不可执行的东西，想要实现高远的目标，必须先把目标分解为可执行的任务，一步一步执行，从而最终实现大目标。

任何高远的目标都是由小目标构成的，一步登天几乎没有可能，只有一步一步慢慢前进，才会离大目标越来越近。所以，提高执行能力，就要学会把大目标分解成可执行的小目标，一步一步执行。这样会让目标更加清晰，执行起来也会更加容易。

山田本一是日本著名的马拉松运动员。他曾在1984年和1987年的国际马拉松比赛中，两次夺得世界冠军。记者问他凭什么取得如此惊人的成绩，山田本一总是回答："凭智慧战胜对手！"

大家都知道，马拉松比赛主要是运动员体力和耐力的较量，爆发力、速度和技巧都还在其次。因此对山田本一的回答，许多人觉得他是在故弄玄虚。

10年之后，这个谜底被揭开了。山田本一在自传中这样写道："每次比赛之前，我都要乘车把比赛的路线仔细地看一遍，并把沿途比较醒目的标志画下来，比如第一标志是银行；第二标志是一个古怪的大树；第三标志是一座高楼……这样一直画到赛程的结束。比赛开始后，我就以百米的速度奋力地向第一个目标冲去，到达第一个目标后，我又以同样的速度向第二个目标冲去。40多公里的赛程，被我分解成几个小目标，跑起来就轻松多了。在这之前，我总是把我的目标定在终点线的旗帜上，结果当我跑到十几公里的时候就疲惫不堪了，因为我被前面那段遥远的路吓到了。"

当目标被清晰地分解，目标的激励作用就显现了，当我们实现了一个目标的时候，我们就及时地得到了一个正面激励，这对于培养我们挑战目标的信心作用是非常巨大的！

最终目标是宏大的，而绩效目标就是一个具体的、有明确衡量标准的目标，这就需要我们把大目标分解开来，形成一个一个的小目标。分解目标并不难，只需要用自然的方法将实现目标要做的事都列出来就行了。比如在四个月把跑步成绩提高1秒，这就是目标分解。这个目标还可以进一步分解，比如在第一个月内提高0.03秒等。再如"将大象放进冰箱"这个目标，可以分为三个步骤：一打开门；二把大象塞进去；三关上门。把这三步写下来就是将目标分解为任务的过程。不过分解目标并非是一蹴而就的，而是一个不断细化的过程。也就是说，目标可以分解成几个任务，每个任务可以再转化为目标，继续向下分解，直到成为可执行的任务为止。

比如定下了健身的目标，那么"办张健身卡"就是分解后的一个小目标，完成这个任务，还可以分解得更细一些，比如"周日前去办张健身卡"，然后继续向下分解成更具体的行动，比如查询健身房的资料、向朋友征求意见、打电话询价等。如果你愿意，这些行动还可以变成目标继续向下分解。利用这样的方式，我们就可以完成许多看起来不可能的任务。所谓愚公移山，也不过是将一座山（最高目标）分解为一块块石头（任务或更小的目标）而已。

不过分解目标时，既要避免遗漏，也要避免多余。怎样才算没有遗漏？一个目标分解成任务列表之后，任何人看了都明白怎么去实现，这就算分解到位了。但有时候为了避免遗漏，就会向任务列表里放太多有的没的，导致整个列表越来越臃肿，不仅没有意义，执行起来也很麻烦。所以分解完之后，最好客观地审视一遍任务列表，看看不做某个任务是否会影响目标的达成，如果觉得没影响，就划掉这个任务。

有些目标看起来很适合均分，比如学英语常被分解为"每天背10个单词"，锻炼身体常被分解为"每天多做一个俯卧撑"。这种均分方式的问题在于忽视了客观规律，比如生理极限、学习曲线等，是一种图省事的分解方式。当然也不是说任何目标都不能均分，只是说在考虑如何分解的时候，要看看是不是有更科学的方法。

目标需要分解，但也要避免分解得过于细致。有些事真的没必要分那么细，比如晚上做晚饭这件事你还非要做分解，结果就是在目标管理上花的时间比真正做事的时间还要久，是舍本求末的做法。还是那句话，分解目标是为了让我们知道要做什么事，如果已经知道了，就没必要再分解下去了。

目标分解之后并非一了百了，还需要不断修正和优化，解决目标设定的偏差，比如发现某个任务成为障碍，那么有可能是当时设定目标的时候没想好，可以考虑对目标进行修正。

有些时候，实现目标可能有很多种方式，所以在分解任务的时候一定要考虑哪些资源对任务有约束，哪些资源对任务有帮助，这样才能事半功倍。这些资源包括：组织、个人、物品、时间、精力、资金、环境等。

目标是指引执行有效进行的明灯，但过于高远的目标难以企及。把高远的目标分解成小目标，执行就会容易得多。这是高效执行的又一个小秘诀。

5. 高效沟通，沟通越充分执行力越强

执行是一门教你学会如何完成任务的学问，体现在职场上就是把领导的决策和上级吩咐的任务付诸实践的过程，因而执行效果的好坏与沟通的程序直接相关。沟通越充分越顺畅，执行越轻松，效果也越好。

具备良好沟通能力的员工，能正确理解别人的意图，也能让别人清楚地了解自己的想法和观点，进而达成共识，最终圆满地完成工作任务。在执行中要学会与下属、与上司、与同事的沟通技巧，以便提升执行力。

对于普通员工来说，与上司的充分沟通对于有效执行更为重要。因为必须接受到明确、清晰的指令，才能更加高效地执行。在与上司的沟通中，既要防范沟通过少、不明其意的情况，也要防备沟通不当、引起误会的情况。

> 程军是某网络公司的一名编程员，平时不怎么爱说话。一天，公司部门主管拿来一份程军的程序方案，对他说："中间有几个地方编制得不好，你再重新编一下。"程军接过来说："是。"然后开始埋头苦干。在短短半个月里，程军总共五次接到修改或重做的指令。事实上，这五次之中涉及的编程似乎没有什么修改或重做的必要。但程军在接到要求修改的指令时，没有表达出任何异议，只是低着头重复说"是"。程军觉得很烦恼："程序明明没有什么修改的必要，为什么主管要不厌其烦地修改呢？"后来，同事告诉程军，那是因为部门主管第一次来的时候看他只会低头说"是"，便决定和他开个善意的玩笑，目的是提醒他，要多沟通。

在工作中执行，一定要精确地理解上司的意思。员工只有精确理解老板的意图，执行才会畅通无阻。我们经常看到这样一类人，领导布置任务的时候，他似乎听得很认真，记得也很仔细，看上去听明白了，但实际上却并没有真正搞清楚要做什么。这种情况下就开始执行，结果自然就会出现偏差或者大打折扣。

也许我们会觉得，要完成这个任务，明明还有很多种方法，何必非得按照领导交代的那个方法去做呢？只要能完成任务就行了，用不着太死板。这在某种程度上并没有错，很多时候，执行的确需要灵活性，但它有一个前提，那就是灵活性必须建立在充分理解上司意图的基础上。很多时候，上级的安排肯定有他的用意，遇到不明白的地方，不妨问一问，特别是需要改变领导决定的时候，千万不要自己"想当然"地自作主张，而要懂得及时请示领导。作为一个优秀的执行者，首先要做到接受任务不走样，百分之百理解任务的内容，这样才能保证执行的最好结果。要想执行不走样，接到任务之后，首先要想一想，领导让我做这件事的意图是什么？否则就很容易出现偏差，甚至是领导想东自己做西，执行出来的结果完全不是那么回事。

沟通中不能得到上司良好的反馈，很影响工作的积极性，也会阻碍员工和上司的"有效沟通"。所以当上司言语严厉，对你的工作反馈也不好时，你首先要试试看，能不能让上司认识到，他的态度出现了问题。如果你无法做到这一点，你就只能试着做个"厚脸皮"的人，从心理上增强受挫能力。

要保障工作的顺利执行需要良好的沟通，上司与下属要及时沟通、善于沟通，提高执行力度。不难理解，只有上司与下属之间做好及时的沟通，才能保证任务完成的速度和质量。

在一家美资公司做行政主管的 Cindy 在与上司沟通这方面深有体会。公司要召开经理级会议，老板让她拟好会议日程和安排，然后下发到每位参会者手中。Cindy 很快做完了这件事，并把提纲发送到了老板的私人信箱里。临近开会前两天，老板很不满意地问她为什么还没有看到她的计划，Cindy说三天前就传到老板的邮箱了。老板说那几天他正好和客户谈合同，很忙，所以没看电子邮件，于是提醒Cindy以后要注意，重要的事情应该再打个电话追问一下。

"千万别假定自己所寄发的信或传真、邮件已被对方收到。"这是Cindy的教训，也应当是每一个职场人的教训。

案例中的Cindy在工作中并没有犯大错，只是工作细节做得不到位，传了电子邮件后，没有及时和老板沟通，便因此被老板批评，并被老板认为是个粗心的人。各位职场人士在工作中一定要谨记一点——一定要和上司做好沟通，搞好关系。所以，和上司沟通，得到上司的认可，就成了执行成功的一个关键因素。

听不清楚上司的意思，相当于把错误和谬论当作真理去执行，执行的结果只能是错上加错，是在和执行背道而驰。这非但不能让上司满意，还会让老板对你的能力产生怀疑，进而失望。因此，正确理解上司的意图，是下级卓有成效地开展工作的前提条件之一。由于上司交代意图的时机、地点、场合和方式方法不同，下级要正确理解上司意图并非易事，为此需要把握以下几点。

一要彻底领会和理解上司所实行的方针、措施。当你被任命为某一部门的领导时，就必须搞清楚你面临的问题、肩负的任务及采取的对策，是否依照上司的意图来决定和执行，这就要求将自己当作上司，站在上司的立场考虑问题，即进行换位思考。这是正确理解领导意图的基本方法之一。因为立足点不同，对事物的看法和结论也往往不同。下级总习惯于站在被领导者的角度看问题，视角受限制，往往对领导的意图理解发生偏差，而有意识地进行换位思考和领导站在同一角度观察思考问题，就容易把握领导意图。

二要理解上司的工作方法、特点，方能与之密切配合。每位上司由于个体的差异性，工作方法、风格也千差万别，有的喜欢口头汇报，有的偏重书面材料，有的办事干脆利落、雷厉风行，有的喜欢稳扎稳打、比较慎重。因此，作为部下应正确把握和理解上司的工作特征，与之配合，方能协调好上下级关系。

三要理解上司的难处。上级领导确实有很大的权力和自主的余地，但是他们也有自己的难处。比如上司也有上司，处于中间位置的上司，难免会有不如意、不顺心的时候：工作出现失误、下级消极怠工、彼此内耗丛生等各种管理行为的矛盾。作为下级就应理解其难处，做到心中有数体谅领导，不能一味抱怨或不满。

四要理解上司的期望。了解上级的期望也是下级的责任，所以上司得意的部下应该是能够很好地了解上司的要求和期望，创造出出色的成绩。下级不仅要了解上级的一般期望（如希望知道何种问题，何时知道等），还要了解上级的特殊期望（如某个特定项目何时完成，上级需要何种信息等）。下级可以定期拟制详细的工作报告，呈请上级审核，然后再详细讨论细节问题。讨论的时候，上级的许多期望就会显露出来，从而可以找准目标、思路去努力工作获得上司的信任和赏识。

很多职场人士看不惯那些与公司领导走得很近的同事，认为他们是在跟领导套关系，在拍领导的马屁，他们之所以能迅速得到晋升，能获得加薪，都是因为拍马屁的结果。其实，这类喜欢"阿谀奉承"的同事，未必就是在拍领导马屁，他们很可能仅仅是善于和领导沟通。他们通过和领导交流自己内心的想法和看法，提出对企业有建设作用的意见，帮助领导出谋划策，给领导了解下面的情况提供了很有利的帮助。长此以往，每当公司有了好的职位，领导当然最先考虑这批人了。当然，"林子大了，什么鸟都有"，有极少数人，他们确实并非在跟领导沟通，而是纯粹的溜须拍马或者打其他人的小报告。一般而言，这类人很难得到晋升。他们晋升的机会不是没有，但是很少有上司或者老板会欣赏这类员工。上司始终更欣赏那些真正能为他办事的员工。

上司与下属的沟通同样重要，要是与下属沟通不畅，极易导致执行出现偏差、执行不力、执行不到位等各种情况。如果充分沟通，无疑会极大地减少这种情况的发生。

很多上司都习惯于下达任务，而等到下属任务完成后，才发现跟自己的要求和期望值不符，这样的结果直接降低了执行力度。如果上司能在下达任务的时候就与下属直接沟通，表达自己的理解和要求，这样势必减少工作中的"二次返工"，不仅提高了工作效率，同时也有利于下属对上司意图的领悟。其次，沟通是为了发现和解决下属在执行过程中的顾虑，引导下属按照正确的思路思考与行动。下属在实际工作中，要面临各种各样的复杂局面，难免会有挫败感或动摇的情绪。这样执行力也会因为挫败感而大大下降，严重阻挠工作的执行进程。

与下属沟通要注意分配任务时清晰明确，并且在告知后确认一遍，看下属是否听清。

与下属沟通最忌讳交代不清，也不督促，不检查，当下属执行时出现问题，再一味把责任全部推给下属，这样只会让下属觉得委屈，导致执行没有信心也失去动力，使执行效率低下，甚至无法执行。

与同事沟通，对于协同执行的意义更是不言而喻。在与同事沟通时，除了要清晰明确之外，还要注意以下几点。

首先，要相互尊重。在一个团队中，大家只有职位的不同，在人格上都是平等的，不存在谁重要、谁不重要的问题。如果你自以为是，轻视别人，对别人颐指气使，不但达不到沟通的目的，反而会产生新的矛盾。

其次，要注意彼此的态度，尽量做到心平气和，保持谦逊的姿态和足够的耐心，从而营造一个良好的沟通环境。在和人交流时，难免会因为彼此的看法不同而产生分歧。这时，要注意自己说话的语气，切忌使用攻击性的语言，不必非要和人分出个高下，否则，就变成争吵了。这时，不管你说的话是不是有道理，也很难得到别人的认同。我们要认识到，意见不同是很正常的事情。而有些个性很强的人和别人沟通时，就很难有良好的沟通。

比如，在讨论工作方案的过程中，遇到意见不一致的时候，要尽量避免正面的冲突，不然，一旦激烈地争论起来，就会弄得在场的人都很尴尬。应该明白，意见相左没关系，伤了和气是大事，大家以后还要在一起共事。双方要心平气和地探讨问题，互作让步，直至达成共识。

再者，一个有着良好沟通能力的人，不仅能够向他人清楚地表达自己的想法，更懂得倾听别人的谈话。在相互的交流中，了解对方的观点和想法很重要。不要急于发表自己的见解，而要认真聆听他人的观点和想法。在和人交谈时，要集中精力聆听别人的谈话，注视对方，不左顾右盼，不轻易打断他人的谈话。否则，不仅显得自己粗鲁无礼，还会漏掉一些对自己很重要的信息。

在交流时，必须把自己的注意力放在对方身上，才能了解对方真实的想法。倾听别人说话本来就是一种礼貌，愿意听表示我们愿意认真考虑别人的看法，这会让谈话的人觉得我们很尊重他的意见。这有助于彼此更充分地交换意见，双方建立融洽的关系，能够彼此接纳。

在与人交流的时候，表情、语调以及肢体语言也都很重要。有时，我们还未开口，可我们内心的感受，就已经通过肢体语言明显地表现出来了。有些人的态度冷淡，紧绷着脸，给对方一种压抑感，让人觉得难以接近，对方自然也不会敞开自己的心扉。

说话时表情柔和，面带微笑，语气平和，专注地注视对方，少说多听，就会给对方一种亲切感、信任感，往往能收到很好的效果。对方自然会受到鼓舞，并愿意同你交谈下去。这样你就可以很好地把公司的精神风貌、经营理念、服务质量等及时、准确地传达给对方，使沟通达到最好的效果。

除此之外，还应当掌握一些基本的沟通技巧，这样往往能够使沟通过程更愉快、流畅。

（1）倾听，真正地倾听

在沟通过程中你可以做的最基本的事情就是通过真正倾听来改善你的交流技巧——在别人说话时认真听别人说并不打断别人。好的会话是词汇和倾听的优雅结合。即便你们的交流方式不匹配，通过倾听你也能明白对方的想法。当然别人也能因此专心听你说。

(2) 培养共鸣

交流是双向的。如果你练习从相反的观点看问题，那么当你试着和别人交流而发生意见不一致的情况时，你就不会觉得那么困难或那么焦虑。例如，当你的合作伙伴说他太累了，不想说话时，你立刻就能明白他在表达自己无法认同你的想法。培养共鸣能帮助你更好理解你和别人交流时非语言的部分，并帮助你更有效地回应。

(3) 阐述内容要简明、具体

在这一点上你只需要记住一个缩写——BRIEF。Background（背景）、Reason（原因）、Information（信息）、End（结尾）、Follow-up（后续内容）能让你想表达的内容不遗漏。无论是书面交流还是口头交流，这都是一个不错的策略。此外，你还要尽可能地让你表达的主体内容语言满足"7个C"。即Clear（清晰）、concise（简明）是交流的7个C中的2个，其他5个分别是：concrete（具体）、correct（准确）、coherent（连贯）、complete（完整）、courteous（客气）。

(4) 为你的听众量身定做消息

好的交流者根据谈话的对象调整谈话的方式；你和同事、老板间的交流方式与和爱人、孩子或老人的交流方式是不同的。当你尝试表达自己的信息时，一定要把别人的视角记在心里。

(5) 去除干扰

当别人和你说话时，或是许多人在一起进行讨论时，你在那里做一些诸如玩手机之类的无关行为是不礼貌的。也许你无法去除所有的干扰或完全收起科技产品，但是拿出时间抬头看看你的交流对象会极大地改善彼此间的交流。

(6) 问问题并重复他人的话

当别人在说话时，我们都会走神或听错话。问问题并重复他人最后说的几句话表明你对他们说的话感兴趣，能帮你保持警觉，并有助于澄清容易误解的地方。这样也有助于让交流过程更顺畅，能使得沉默的时刻不那么尴尬。除了可以用像天气这样单调的话题来展开谈话，也可以问别人一些问题。比如，"对于这个任务你有什么计划？"或"你最需要我如何帮助你？"并就他们的回答进一步展开。

（7）学会讲故事

故事的力量是很强大的。它们能激活我们的大脑，让你在沟通中不至于表现得太差，让你的观点更有说服力，甚至能帮助你成功解决沟通中的分歧。所以你应该多储备一些有意义的故事，并学习如何能把故事讲得精彩。每个人心中都至少应该有一个非常好的故事，以便能够让它在你进行沟通合作的过程中拯救一些局面。

（8）去除不必要的会话用语

"嗯""啊"这样的语气助词对于改善你的沟通效果来说作用不大。把它们去掉能让你在沟通中给人以思路更明确、更有说服力的感觉，也能让你看起来更加自信。你可以在沟通中留意自己说"嗯"或"啊"的时刻，并在下次进入到这个沟通环节时强行要求自己不去说语气助词。你也可以试着把你的手从口袋里拿出来缓解自己的紧张状态，或在说话前简单地放松和暂停一下。

（9）注意自己的身体语言

你告诉搭档你愿意讨论，但是你的胳膊却交叉在一起；你在听，但是却在低着头看手机。在你与沟通对象进行谈话时，非语言和非文字的线索往往比想象中泄露的信息还要多。即便你一言不发，其实也是在不断地与对方进行着交流。想不想知道一种用身体来更好交流的奇怪方式？那就是想想你的脚趾头。或在进行一次重要谈话前，使用能提升自信的姿势。也可以学习一下如何读懂他人的身体语言，这样你能恰当地回应。

良好的沟通是成功进行团队合作的基础，优化你的沟通能力往往能够大大增强你与他人的合作效果，同时也让彼此都能够在合作中表现出更强的执行力，从而给整个合作团队带来整体执行力的提升，从而达到团队合作的目的。

总之，充分的沟通对于执行来说，极为重要。沟通越充分，执行越顺畅，因而要提高执行力，增强执行效果，必须学会充分沟通的技巧。

6. 协同执行，让执行力 1+1>2

当今是一个讲求合作的时代，职场也不再是逞个人英雄的舞台。一个人的力量再强大，也不可能与配合默契的团队相比拟。两个在工作中单独执行力都不够优秀的人，如果能够通过团队合作有机结合在一起，那么同样能够展现出 1+1>2 的执行力，从而让彼此在工作中展现出远超自己本身水平的战斗力。

小猴和小鹿在河边散步，看到河对岸有一棵结满果实的桃树。

小猴说："我先看到桃树的，桃子应该归我。"说着就要过河，但小猴个矮，走到河中间，被水冲到下游的礁石上去了。小鹿说："是我先看到的，应该归我。"说着就过河去了。小鹿到了桃树下，不会爬树，怎么也够不着桃子，只得回来了。

这时旁边的柳树对小鹿和小猴说："你们要改掉自私的坏毛病，团结起来才能吃到桃子。"

于是，小鹿帮助小猴过了河，来到桃树下。小猴爬上桃树，摘了许多桃子，自己一半，分给小鹿一半。他俩吃得饱饱的，高高兴兴地回家了。

小猴与小鹿，就其个体而言，尽管都有自己的特长，但如果"单枪匹马"是摘不到桃子的。然而，一旦他们组成了一个相互协作的团队后，就出现了取长补短的奇迹——轻而易举地摘到了桃子。

这就是合作的威力。大家协同执行，互为长短，完美结合，会让执行力瞬间翻倍。团队的力量是巨大的，团队合作对于提升执行力有着巨大的帮助。一个合作亲密无间的团队，其成员彼此之间能够互相帮扶、互相促进，最终让所有人都能够展现出比个体更优秀的执行力，从而达到 1＋1＞2 的惊人效果。

团队的力量大于个人力量之和，一加一等于二，这是人人都知道的算术。可用在人与人的团结合作上，那就不再是一加一等于二了，很可能等于三、等于四、等于五……合作产生力量，这是再浅显不过的道理。因为有很多事情必须依靠团队里每一个成员相互协作、共同努力才能完成。所以最强大的执行力，一定来自于协同，来自于合作。

对企业而言，一个人的成功不是真正的成功，团队的成功才是最大的成功。在企业这个系统管理的动态过程中，如何提升执行力，关键在于要着力把握其中的三大关键因素，即："人""企业目标""系统控制"。

首先，是"人"。要使执行变得有力有效，就要找到执行的基石。现代企业强调"以人为本"，团队制胜。因此，执行的基石是人，人的问题是影响执行力的一个关键因素。

其次是"企业目标"。动力源于目标，企业动力机制建设是建立在对目标的认识和把握基础之上的。企业的目标不是命运的指引，而是方向的指标；不是命令，而是承诺……目标的性质和价值决定了目标责任人的内驱力必须与目标实现的价值及其实现过程的阻力（难度和风险）相匹配，才会产生实际的意义。

第三就是"系统控制"。执行是一个过程，它表现为企业贯彻落实领导决策，及时有效解决问题的能力、企业管理决策在实施过程中原则性与灵活性相互结合的能力、有效调动企业员工积极性、创造性的能力。因此，提高执行力，还必须抓好执行过程中的"系统控制"。

企业的竞争力在很大程度上取决于员工，企业要在激烈的竞争中谋一席之地，全体员工必须具备团队合作能力，从而发挥团队精神，形成强大的团队合力。对于企业来说，应不断完善沟通机制和应变机制，从而形成高情商团队，引导员工形成优秀的团队合作能力。而作为员工，应想企业之所想，急企业之所急，不断学习思考，不断完善自我，以形成优秀的团队合作能力。

一根筷子要让大家折断，想来不会太难，一根一根地分十次折断十根筷子，也是轻而易举的事情，但是要一次折断十根筷子，就不那么容易了。道理非常简单，就是团结的力量。团结是构筑成功的基础。成功者都深谙这个道理：成功是靠组织、靠团体，而不是靠个人。他们无论遇到任何问题，首先想到的肯定不会是自己单枪匹马地去解决，而是找他们的伙伴一起来商量，集思广益，博采众长。只有如此，成功才会变得更加容易。

第七章
绝不放过细节，细节过硬执行结果才可靠

"泰山不拒细壤，故能成其高；江海不择细流，故能就其深"，高效的执行绝不可以放过细节。细节决定成败，细节过硬，结果才靠得住。所以执行千万不要忽视细节，千万不可轻视小事。只有关注细节，把小事做细、做好、做精致，把细节做透，做实，做完美，执行才能达到预期的效果。

> 赢在责任心
> 胜在执行力

⏰ 1. 成也细节，败也细节

　　什么是细节？就是那些看似普普通通，却十分重要的事情，一件事的成败，往往会受到小事情的影响。而细小的事情常常发挥着重大的作用，一个细节，可以使你走向你的目的地，也可以使你饱受失败的痛苦。每一件事情都是由无数个小的细节组成的，每一个都很重要。就好比是一条铁链，有无数铁环组成，无论其中哪一个铁环坏了，整个铁链也就没有用了。

　　古语云："天下难事，必作于易；天下大事，必作于细。"可以说，一个不起眼的小细节可以造就一个公司的成功，而对一连串不起眼细节的忽视，可能就会导致一座现代化大楼的坍塌。小到一个人，一个家庭，大到一个地区、一个国家的成功，往往都体现在对细节的注重上。我们无论干什么事，都需要对细节的把握。越重视细节，执行也就会越到位。

　　日用品和化妆品连锁超市DM在德国遍地皆是。这家企业的老板名叫格茨·维尔纳，现已有超过1370家连锁店、20万员工，2002年的销售额高达26亿欧元。

　　30多年前，格茨·维尔纳白手起家创建了DM连锁店。他有自己的一套注重细节的经营理念，有时还会因为注重细节做出一些特别"古怪"的事情。

　　有一次维尔纳走进一家DM分店时，要求分店经理拿扫帚来。这家分店的经理把扫帚递给维尔纳，非常疑惑地说："维尔纳先生，我不明白您要它做什么？"维尔纳指着地下的灯光说："您看，灯光的亮点聚在地上，什么作用也没有。"于是，维尔纳用扫帚柄拨了一下上面的灯，让灯光照在货架上。

把灯光照在正确的位置上，维尔纳先生给他的员工做出了表率。纵观那些成功人士的行事风格，你会发现他们都有这样一种特质：就是从不忽视工作中的每个细节。

国际名牌POLO皮包凭着"一英寸之间一定缝满八针"的细致规格，20多年立于不败之地；德国西门子2118手机靠着附加一个小小的F4彩壳而使自己也像F4一样成了万人迷……而类似的以细节取胜的经营之法也逐渐涌入我们的视野，例如饭馆在餐厅里准备了若干"baby椅"，专供儿童使用；客人吃完螃蟹后滚烫的姜茶便端送到手；商场在晚上关门前会放送诸如《回家》之类的音乐，让客人在萨克斯的情调中把轻松带回家……

南京有家百货公司的张经理召集四个厂家的营销员谈生意，谈完后出门时，两个营销员走在前面，两个营销员走在后面，其中有位营销员发现地上有一张废纸，觉得很刺眼，就拾起来放进纸篓里。当天晚上这位营销员接到了张经理的订货电话。

后来张经理告诉那位营销员其中的原因："公司经过对四个厂家的比较。你们的质量、信誉和服务最好，特别是营销员的素质高，比如说那个拾起废纸的举动就打动了我。对一张废纸都能如此细致，服务客户自然也就更好了。"

成在细节。越是在细节上下功夫，越是对细节重视，就越能取得成功。但同样的，如果不重视细节，不在细节上下功夫，那么失败也就在所难免。所谓"成功在细节，魔鬼也在细节"，失败的原因很多，但对于细节的忽视是其中很重要的一个原因。

火星气候轨道器是由美国国家航空航天局（简称NASA）发射于1998年，用于探测火星全球气候的。1999年9月，这个探测器抵达了火星，按计划它应该进入环绕火星的轨道运行，然而

> 赢在责任心
> 胜在执行力

它进入火星轨道之后就消失得无影无踪，上亿美元打了水漂。

专家后来发现，探测器本身没有任何故障，只是相关人员犯了一个非常愚蠢的错误。探测器的承包商洛克希德·马丁公司设计探测器时使用的是英制单位，而NASA的喷气推进实验室操纵探测器进入火星轨道的小组使用的是公制。他们没有在这两种不同的单位之间进行换算，结果使探测器的轨道远远低于预定高度，当它进入火星大气层时，很快被烧毁。

忽视了一个简单的换算，造成了上亿美元的损失，足见细节是不容忽视的。"千里之堤毁于蚁穴"说的就是这个道理。一粒微不足道的小沙子或小铁屑掉进柴油机的主机油道里或曲轴油孔中会造成碾瓦；一颗小小的螺丝钉的松动，可能使航天器爆炸；行车路上使用手机，可能造成车毁人亡的重大交通事故；一次疏忽会发生一次血案；一个烟头能引发一场巨大火灾；一个错误的数据，可以导致整个报告成为一堆废纸；一个标点的错误，可以使几个通宵的心血白费……这就是细节的重要，这就是细节的力量——成也细节，败也细节。

如今嫌小求大、大大咧咧、马马虎虎的差不多先生很多，不拘细节的行为表现在社会的各个层面。比如"基本"一词，在人们的生活和工作中使用频率很高，人们将这个词作为衡量所做事情的标准，什么基本可以、基本做到、基本完成等，听起来好像很有成就感，其实什么都没做好，只是用基本一词掩盖了不注意细节、不追求完美、执行力不强等缺陷，为满足虚荣心和敷衍了事找了个借口。如果人们习惯于以基本可以、基本做到、基本完成为做事的标准，那么任何大事、小事都不可能做得完美，长此以往必然导致失败。因为基本意味着缺少某些细节，即使这些细节只占很小比重，也可能是决定成败的关键所在。

乌鲁木齐一家做对外出口贸易的公司，好不容易将一个大的订单抢到手。时间紧任务重，所有的人都加班加点地干，终于在规定的时间内完成了任务。可是，商品刚运到，对方就打来了一个电话,气急败坏地对他们的工作责备不休并要求退货。原来,这些产品的质量没有问题,但在包装上却出了问题。厂址本来是"乌鲁木齐某厂",由于当时大多数人只是把重点放在了赶制产品上,没有仔细审查外包装,结果"乌鲁木齐"被印成了"鸟鲁木齐"。虽然只有"这一点"没有做到位,却毁了整个企业的声誉,损失惨重。

在市场竞争日趋激烈的今天,企业间产品或服务在大的方面差别不大,区别往往就在细节里。成也细节,败也细节。一些企业在抓产品或服务质量时只注重大处,却忽视了细微之处,对不起眼的小毛病不以为然,结果吃了大亏。

世上不可能有真正的完美,但应该有一个追求完美的心态,并将其作为工作习惯。目前,很多企业虽然有远大的目标,但在具体实施时,由于缺乏对完美的执着追求,事事以为"差不多"便可,结果由于执行的偏差,导致许多"差不多的计划"到最后一个环节时已经变得面目全非。

其实,无论企业也好,个人也好,不管有怎样辉煌的目标,如果在某一个环节或某一个细节处理上不能够到位,都会导致最终的失败。忽视细节,工作不到位,后果很惨痛!很多时候,往往是一些看起来毫不起眼、多数人都不会放在心上的小疏忽,导致工作不到位而最终铸成了大错。

实践告诉我们,"祸患常起于忽微",在做人处世方面,决不能忽略细节,因为人生关键处往往只是几步而已。任何事情的成功,绝对离不开细节。无论是做事还是做人,都要在把握好细节方面下功夫。培养自己的细节意识,需要把握以下三个环节。

(1) 增强对细节的"洞察力"

任何一项工作都包含着无数的细节,在完成的过程中也可以分解成大大小小的细节。因此,要把事情做好,我们必须练就"火眼金睛"的本领,做到明察秋毫。一方面,要注意对细节的观察。在这样一个细节制胜的时代,谁抓住了细节,谁就赢得制胜的主动权。"千里之堤,溃于蚁穴"的道理大家都明白,我们若平时做个有心人,多观察、多联想、多动脑,则必会有所收获。另一方面,要做好对细节的分解。很多事情其实就是由点点滴滴、琐琐碎碎的细节串成的,把每一点做好,整个工作就可大功告成。

(2) 增强对细节的"执行力"

往往会碰到这种情况,工作虽策划正确、安排周全,也有人去跟进,但效果却不尽如人意,大打折扣,甚至是面目全非,其原因大多都是在对细节的执行过程中走了样,对细节的考虑和把握不够。一件事情的成败不仅仅取决于是否有科学合理的方案安排,更在于对方案的执行。如果执行得不好,即使有再好的方案,也只能是一纸空文。而执行过程中最重要的就是细节,细节是执行过程中的重中之重,因为细节决定成败。

(3) 增强对细节的"监督力"

除了保障细节的严格执行外,我认为还必须对细节的执行过程进行监督,检查其安排是否合理、是否周密、是否稳妥,及时掌握执行的进度、力度、效果等。比如,我曾参加过一个重要的会议,会议筹办方会前投入了大量的人力物力,做了"充分"的准备,会议开了将近两个小时都非常顺利,但在会议最后领导讲话时,印发的材料却漏了一页,致使领导和与会嘉宾都很尴尬。究其原因,是对执行细节的监督不到位。其实避免发生这种问题的办法很简单,就是会前把材料认真看一遍。

成也细节,败也细节!在很多时候,决定执行成败的就是一些微不足道的小事和一些看似不重要的细节。如果不重视细节,就很可能会带来失败。因而,要高效执行,绝不能忽视细节。

2. 杜绝执行过程中的任何"差不多"

细节为什么容易被人忽视？就是因其细，因其微，因其"貌似微不足道，不重要"，许多员工的心理上也形成了一种"不重要"的习惯性认识，从而养成了"马虎"和"差不多"的劣习。殊不知，这正是工作的大敌，正是那出没不定躲在细节中的魔鬼，让许多员工栽了跟头。

2000年8月，某流域管理单位的巡渠查坝人员，在大汛期间坚守职责，在岗位上辛辛苦苦干了好几个月。眼看汛期即将结束，他觉得"差不多"了，于是警惕性就放松了。不料就在这时，一处险段突然决口，冲坏了附近一段总干渠，使周边村民的数百亩良田被冲毁。对于那些在土里刨食的农民来讲，土地就是他们的命根子！

2000年10月13日，某纺织厂职工朱某与同事一起操作滚筒烘干机进行烘干作业。朱某在向烘干机放料时，被旋转的联轴节挂住裤脚口摔倒在地。待旁边的同事听到呼救声后，马上关闭电源，使设备停转，才使朱某脱险。但朱某腿部已严重擦伤。引起该事故的主要原因就是烘干机马达和传动装置的防护罩在上一班检修作业后没有及时罩上。

这些看起来都是一些微小得似乎可以忽略的事情，却偏偏就是这样的细枝末节引起了大事故。重大事件的起因往往是微小的，甚至是微不足道的，正因为微小，才让人防不胜防，毫无察觉，才让人麻痹大意，才可能造成意想不到的后果。特别是"马虎"和"差不多"的心理，更是安全的大敌、细节的克星。要想保证安全，注重细节，必须从根本上严治"马虎"和"差不多"。

什么是"马虎"呢？做事草率、不认真、粗心大意、只满足于过得去，不求在安全生产中过得硬，由于"马虎"成了一种习惯，于是便形成了一种可怕的"病"。"马虎"的实质是职业道德差，没有敬业精神，缺乏工作责任心，没有细节意识，把生命当儿戏。

"马虎"的来历有一则典故：宋朝有位画家，一次作画时，刚画好一只虎头，便有人请他画马，他就在虎头后面画了一个马身子。这位画家的大儿子问他："爸爸，这幅画是马还是虎呢？"他说是虎。过一会，小儿子也来问他，他又说是马。后来，大儿子去打猎，遇见一匹马，他误认为是虎，结果把马射死了，只好给马主赔偿损失；一次小儿子在野外遇到了一只老虎，他误认为是马，便去骑它，结果被虎咬死了。画家痛定思痛，把"马虎图"付之一炬，并写诗自诫云："马虎图，马虎图，似马又似虎。大儿依图射死马，小儿依图喂了虎。草堂焚烧马虎图，奉劝诸君莫学吾。"

这种"马"和"虎"不分的"病症"，生命力极为强盛，一代代遗传竟然至今，而且患病的人越来越多，马虎已成为引发各种事故的潜在隐患。由于工作"马虎"而造成事故的现象实在太多：一位医生为一位妇女做阑尾割除手术，由于"马虎"，结果阑尾没割掉，反而把人家的子宫割了；一位驾驶员，由于工作"马虎"，把带"病"的车子开出去跑长途，结果出了车祸；一名电力调度员，由于工作"马虎"，造成了交接班中的一个细点脱节，下错了调度命令，结果引发了一场停电事故；一名线路工人，由于工作"马虎"，上杆前没有检查保险带，在操作时，已有隐患的保险带突然中断，导致他从杆上摔了下来，造成终生残疾；一名煤矿电工，由于工作"马虎"，在有人工作时，合了闸，结果发生了触电伤亡事故。这类因"马虎病"引发的不幸，我们见到、听到的还少吗？

与"马虎"匹敌的还有"差不多"。胡适先生在20世纪20年代写过一篇有名的杂文,叫《差不多先生传》,与"马虎病"有异曲同工之妙。他常把红糖当作白糖,把"千"写成"十"。火车8时30分开,他8时32分才到车站。当批评他时,他满不在乎,认为白糖红糖都是糖,差不多;陕西山西都有西,差不多;千字比十字只多了一小撇,也差不多。他常说:"凡事只要差不多就行了,何必太认真呢。"一次他得了急病,赶快叫人去请医生,由于寻错了人,请来的是兽医王大夫,他认为兽医和人医都是医,都差不多,于是接受兽医治病,结果被治死了。

一个人一旦患了"马虎病",变成了"差不多",便会用差不多的态度对待工作。这种人,一是工作中只求过得去,不求过得硬;只满足于粗,不愿在细处下苦工;总以为越严格对照标准作业,干的活就越多,所以简化作业程序。二是存在侥幸心理,总以为"不会那么巧就出事"。一次次的侥幸,使简化作业演变成了"惯性"违章,埋下了事故的种子。如此这般,怎么能保证安全生产顺利进行呢!

"失之毫厘,谬以千里","差不多"实际上已经差了很多。因而,要提高执行力,就一定要从根本上彻底杜绝"马虎病"的发生,消灭"差不多"先生,越是细节越不能马虎,坚决拒绝"差不多",做到执行标准一丝不苟、不打折扣,一点儿都不能差,差一点儿都不行,让执行更完美。

3. 第一次就把事情做对、做好、做圆满

正确地做事,是高效执行的又一个前提。正确地做事与做正确的事是

"效率第一"理念的精髓所在。正确地做事与做正确的事在本质上是一样的，但"正确地做事"强调的是效率，其结果是让我们更快地朝目标迈进；"做正确的事"强调的则是效能，其结果是确保我们的工作是在坚定地朝着自己的目标迈进。换句话说，效率重视的是做一件工作的最好方法，效能则重视时间的最佳利用——这包括做或是不做某一项工作。

有时候，上司在分配任务的时候，并没有对人员做到最佳的配置，没有把你安排到合适的位置上，这时，你就要主动与上级沟通，要求自己做更合适的事，这样才能够做到"做正确的事"。

正确做事，不仅注重程序，更注重目标，是一种主动的、目的性强的工作方式。在工作中，对目标负责、做事有主见、善于创造性地开展工作，才能够紧紧围绕公司目标，为实现公司目标而发挥能动性，在制度允许的范围内，努力促成目标的实现。

安妮是微软公司的一名销售主管，她不仅是一个勤奋努力的员工，同时也是一个有主见，识大局，能够主动去做正确的事的员工。

有一次，安妮被公司派去参加一个销售专题讨论会，她很清楚自己的专长，特别是转型人才和国际信息科技和产业市场动态等问题，她计划在会上与业内精英做一个很好的交流并使自己有所提高。

但是，第一天她就遇到了麻烦，公司额外要求她协调与会者的傍晚活动，这样可以更深层次地履行公司作为东道主的职责。本来为这次讨论会的成功做出贡献就是安妮的心愿，公司的安排也符合她的价值观和原则，她越思考越觉得这是她应当做的。

于是，她就接受了，但她发现自己处于巨大的压力和忧虑之中，来回奔忙，试图满足每个人的要求，而且由于抽不出时间来做原来想做的事而使自己变得很沮丧。

就在这种沮丧中，她突然停下来，问自己："等一等，我为什么要去做那些自己并不擅长的事呢？我有义务去执行公司派给的任务，但我也不必去做那些小事啊？再说公司并不是不明白我的长处，我向他们说明我的处境，他们应该会派一名适合做这个工作的人来接替我的，难道不是这样吗？"

她深深吸了一口气，拨通了公司的电话，将自己目前的处境跟上司做了沟通。上司立即明白了她的想法，并做出了及时的调整，派出了一名专门安排各种活动的公关经理接替了安妮。

在这次研讨会上，安妮独特的见解和市场眼光赢得了业界人士的普遍赞扬，也给微软公司赢得了极大的荣誉和良好的影响。

有这次经历以后，安妮每次接受任务时都会考虑哪些事是应该做的，怎么做才能取得最好的效果。也正是这样的工作作风，使她每次都能赢得公司的表彰，多次被评为公司的优秀员工。

能够做正确的事的人，是一个做事有目的的人，是一个做事有效率的人。但是，要达到做事的效率最高，还有一个重要的理念必须把握——第一次就把事情做对。

"第一次就把事情做对（Do It Right The First Time，DIRFT）"是著名管理学家克劳士比"零缺陷"理论的精髓之一。第一次就把事情做对也是质量的护墙、效率的保证，第一次就做对是最便宜的经营之道！

也许有人会说："第一次没做对不要紧的嘛，我可以做第二次，做第三次。"是的，第一次没做对时可以重新做第二次，甚至是第三次，但是这样做既浪费时间又会浪费精力，假如没有及时发现错误，有时带来的损失将是致命的。

"第一次就把事情做对"，虽然是效率最大化的最好方式，但是，有些员工却错误地认为这个要求太苛刻，不近情理，因为"我们都是凡人，怎么可能不犯错误呢？"有的员工甚至认为在工作中出现一点小错，是很正常的。比如，生产工人认为一个零件不合格，对公司并不能造成什么明显的损失，没有必要小题大做，因为规章制度中就允许合理的损耗。

其实，这些员工还没有真正懂得第一次就做对的重要性。在很多成功的企业里，"第一次就把事情做对"是必需的。比如，在麦当劳，炸鸡腿、鸡翅的时间是用秒来控制的。少一秒，鸡肉没熟透，多一秒，鸡肉会显老。也就是说，无论多一秒还是少一秒，都会影响鸡肉的口感。因此，每个麦当劳员工都必须一次做对，因为顾客还在服务台前等着呢。福特公司也如此要求员工。在整条流水生产线上，每一个零配件生产出来之后，马上就被送去组装，因为没有库存，任何一个环节出了问题，都会导致全线停产，所以必须第一次就把事情做对，没有任何回旋或找借口的余地。

　　第一次没做好，同时也就浪费了没做好事情的时间，返工的浪费最冤枉。第二次把事情做对既不快、也不便宜。第一次没把事情做对，忙着改错，改错中又很容易忙出新的错误，恶性循环的死结越缠越紧。这些错误往往不仅让自己忙，还会放大到让很多人跟着你忙，造成巨大的人力和物资损失。

　　所以，盲目的忙乱毫无价值，必须终止。再忙，也要在必要的时候停下来思考一下，用脑子使巧劲解决问题，而不盲目地拼体力交差，第一次就把事情做好，把该做的工作做到位，把任务执行到位。

4. 越是简单的小事越要认真执行

　　细节为什么容易被人忽视？就是因其细，因其微，因其"貌似微不足道，不重要"，许多员工的心理上也就形成了一种"不重要"的习惯性认识，从而养成了"马虎"和"差不多"的劣习。殊不知，这正是工作的大敌，因为"魔鬼就藏在细节里"，任何一件小事马虎了，都会导致严重的后果。

　　即便不涉及安全、日常工作，小事不落实，执行不到位，同样会直接影响工作效率和工作业绩。就像厨师炒菜，各种繁杂的工序，有任何一个细节不到位，都会影响到菜品的色、香、味，影响客人的体验，给饭店带来不好的影响。比如少放了一点盐，或是多加了一把火，做出来的菜都会有天壤之别。所以，任何工作，每一个细节都不能忽视，每一件小事都必须到位，才能保证执行百分百，效果百分百。

但在执行中许多人都有容易忽视小事的心理，总认为小事不重要。殊不知大错正出在小处，小处更需用心，越是小事越不能轻视，因为小事往往左右成败。我们其实可以清楚地看到，真正成功的人物或是成功的企业，都是非常重视小事的，特别是对于执行过程中的细节处理，更是值得所有人效仿。

哈佛大学机械制造系的高才生史蒂芬，非常希望能进入维斯卡亚公司工作。这家公司在当时是美国最著名的机械制造商，是年轻人最向往的企业。史蒂芬对其也憧憬已久。

最终史蒂芬通过考核进入了该企业，但他做的并不是技术人员，而是到车间内打扫废铁屑，说白了，就是一个厂内清洁工。这对于一个哈佛的高才生来说确实是大材小用了。可史蒂芬并未轻视这项工作，而是非常勤恳地重复着这个既简单又辛苦的工作。他不只将铁屑打扫得十分干净，而且还利用清洁工到处走动的特点，对企业中每个部门的生产情况、铁屑的成因，以及铁屑的多少，作了一些专业的分析，并从中发现了一些技术性问题，随后他开始研究解决的方法。

维斯卡亚公司在20世纪90年代初被退回了很多订单，都是因为产品质量出现了问题，企业损失惨重。这时，史蒂芬的研究也有了成果，他将自己设计的解决方案和新型机械图纸上报董事会。这个设计很先进，刚好保留了原来机械的优点，同时解决了已经出现的弊病。

自然而然，史蒂芬当即被提升为负责企业生产技术方面的副总裁。

别认为小事不重要，也千万不要轻视任何小事。所有的大事都是由小事组成的，小事不认真做的人，是做不了大事的。一屋不扫，何以扫天下？小事做不好，何以做大事！执行力的强弱正是从小事中培养出来的。重视小事，把每一件微不足道的小事都认真执行，做到百分之百，这样的人，执行力一定不会差。

那么在工作中，怎样养成注重小事的习惯呢？可以从以下四个方面去做。

(1) 克服不拘细节的习惯

俗话说，习惯成自然。很多时候，或许我们在工作和生活中养成了大大咧咧的习惯，于是对待什么事情都不精心，在任何时候都表现着粗枝大叶的行为，从而忽视了生活和工作过程中那些不显眼的细节，这是很不好的坏习惯。因此，我们在心里每时每刻必须牢固树立起"细节决定成败"的意识，以牢固的意念去战胜不拘细节的习惯，这是很重要的意志克服法，长此以往，就会养成重视细节的良好习惯了。

(2) 改变粗心大意的毛病

或许有很多的人，都存在粗心大意的毛病，这不是一个习惯的问题，而是一个未能用心尽心的问题。做人做事不用心去做，就会把人做砸，把事弄糟。在任何时候，并非是我们做不好，最关键的是要看我们是否真正用了心。我们不要以为"用心"二字很简单，请你将"用"和"心"分开来读一下，并将重音放在"心"字上，就会更真切地感受到"用心"二字的妙意。在任何时候，只要我们用心，那么最大的受益者始终是我们自己。

(3) 善于洞察事物，发现其间的细节

多听、多做、多思考，用认真的心态对待自己的任务和工作，就不会忽略任何细节，还能洞察掩藏在背后的细节，从而让执行更加完美。想要做到重视细节也并不是那么简单的，它需要你每时每刻都注意着，因为细节不会摆在你的眼前，它需要你细致地去洞察，去主动地寻找并发现它们，从而全身心注意而不忽视它。

（4）做事不贪大，做人不计小

世界从来不缺少雄韬伟略的战略家，缺少的是精益求精的执行者；也从不缺少各类规章制度和规律，缺少的是对规章制度条款及规律不折不扣的执行者；所以，我们要改变心浮气躁，浅尝辄止的毛病，提倡注重细节、程序化，把小事做细。须知伟业固然令人神往，但构成伟业的，却是许许多多毫不起眼的细节。

只有做好每一件小事，做好每一个细节，才有可能成就伟业。提高执行力，赢得事业成功，应当具备"横扫一屋方可横扫天下"的思想，脚踏实地，从小事做起，对任何小事都认真执行，养成高效执行的好习惯，才是正确的途径。

5. 把每一个细节都执行到位

细节是什么？细节就是电解槽气缸上的一个快接头；就是行车上一颗小小的螺丝；就是危险地段树立起的一块警示牌；就是进入车间时随手戴在头上的安全帽；就是喝开水时的一个杯垫；就是做完之后多看一眼；就是上岗之前的一声叮咛。只有把每一个细节都做到位，执行才能真正到位。

细，就是要工作认真，一丝不苟。注重细节，就是尊重客观事实，一丝不苟地工作。这是一个细节制胜的时代，每个人只有做好每一个细节，才能脚踏实地地完成宏伟的目标。

希尔顿饭店的创始人康·尼·希尔顿就是一个在"细节"上追求完美的人。他要求他的员工："大家牢记，千万不要把忧愁摆在脸上！无论饭店本身有何等的困难，大家都必须从这件小事做起，让自己的脸上永远充满微笑，这样才会受到顾客的青睐！"正是这小小的要求，让希尔顿饭店享誉全球。

一家企业的副总布迪特曾入住过希尔顿饭店。那天早上刚一打开门，走廊尽头站着的服务员就走过来向布迪特先生问好。让布迪特先生奇怪的并不是服务员的礼貌举动，而是服务员竟然喊出了自己的名字，因为在布迪特先生多年的出差生涯中，在其他饭店住宿时从没有服务员能叫出客人的名字。

原来，希尔顿饭店要求楼层服务员要时刻记住自己所服务的每个房间客人的名字，以便提供更细致周到的服务。当布迪特坐电梯到一楼的时候，一楼的服务员同样也能够叫出他的名字，这让布迪特先生非常纳闷。服务员于是解释："因为上面有电话打过来，说您坐电梯下来了。"

吃早餐的时候，饭店服务员送来了一个点心。布迪特问："这道菜中间红的是什么？"服务员看了一眼，然后后退一步做了回答。布迪特又问旁边那个黑黑的是什么。服务员上前看了一眼，随即又后退一步作答。布迪特询问服务员为什么每次都要后退一步。服务员回答说是为了避免自己的唾沫落到客人的早点上。

在对待工作时，细致是万万不可缺少的。毛泽东曾说过："世界上怕就怕'认真'二字。"作为员工，只有将细节、小节、小事做到极致，才算做好了自己的本职工作。因此，每一位员工都应当提倡细致认真的工作作风，把每一个细节都认认真真落实到位。

一台风机出了一点故障，一名操作人员去通知机修工来处理。机修工将电源关闭后就开始拆风机，由于电源开关离风机近，所以机修工没有挂停电检修的牌子，也没有安排人守在开关旁。当他们准备伸手搬动轴承时，另一名操作人员走进去，也没看有人在里面检修，就合上了刀闸。风机突然转动，将一名机修工的手套卷了进去，幸好另一名机修工及时冲过去拉下刀闸，才避免了一场重大事故的发生。由此可见，嫌麻烦，图省事的后果，很可能会带来更大的麻烦。

细节就像人体的细胞一样举足轻重，谁能把住细节，谁就能悄然成功。于无声处听惊雷，在细节中见真知，落实好每一个细节，把小事做细，把细节做好做透做到完美，结果还用得着担心么？

要把细节做到完美，最重要的一点，就是考虑问题要全面，要滴水不漏。水温升到99℃，还不是开水，其价值有限；若再添一把火，在99℃的基础上再升高1℃，就会使水沸腾，并产生大量水蒸气来开动机器，从而获得巨大的经济效益。100件事情，如果99件做好了，一件事情未做好，而这一件事就有可能产生百分之百的影响。只有认真发现问题，不让任何细微的隐患有可乘之机，才能真正做到防患于未然。

当然，要把细节做到完美，与各个方面都有关系，是一个复杂的系统工程，但其中最为关键的当然还是身处第一线的每一位员工。员工安全素质的高低，安全知识的多少，安全技能的生熟，责任心的程度以及勇气、勤奋、热情、忠诚、是不是足够细心等都有关系。

有位医学院的教授，在上课的第一天对他的学生说："当医生，最要紧的就是胆大心细！"说完，便将一只手指伸进桌子上一只盛满尿液的杯子里，接着再把手指放进自己的嘴中。随后，教授将那只杯子递给学生，让这些学生照着他的做法来做。看到每个学生都忍着呕吐，像教授一样把手指探入杯中，然后再塞进嘴里。教授微笑着说："哈哈，不错，不错，你们每个人都够胆大的。只可惜你们不够心细，看得不够清楚，没有注意我探入尿杯的是食指，放进嘴里的却是中指！"

注意观察，把握细节，认真细致地对待工作，就能保证我们把事情做到最好。细节决定成败，要想把细节做到完美，每一位员工都必须牢固树立"细节决定成败"的观念，坚决克服"螺丝少紧一扣不碍事、垫片少上一个没问题、作业简化一步不算啥"的错误思想和行为。立足岗位，从小事做起，从自我做起，从现在做起，关注细节，尽职尽责，严格遵守规章制度，规范自己的每一个动作，认真负责、一丝不苟地把每一道工序、每一个环节做细、做好、做到位，做到完美，就一定可以保证我们最后的成功。

6. 检查执行细节，不放过任何问题

细节犹如庞大机器上的一个小零件，其体积也许微乎其微，其作用却是举足轻重。一些人注意到了这些细节，并且用行动去证明了他们对这些细节的重视，所以他们成功了。细节体现着工作的效率、质量和形象，决定着完善决策措施，推动决策执行，落实督促检查等关键环节的成败。细节造就完美的执行力，对细节越重视，执行力就越强。任何一件事情，都可以分解成为无数个细节，而只有这无数个细节都严格执行，才能有好的执行结果。因此，在执行的时候，务必落实监督检查，不放过任何一个细节上的问题，把细节做到极致，使执行达到完美。

在"二战"中期，因为降落伞的安全性能不够，英国空军和降落伞制造商之间发生了分歧。事实上，通过努力，降落伞的合格率已经提高到99.9%了，但军方要求达到100%，因为如果只达到99.9%，就意味着每1000个跳伞士兵中，可能会有一个因为降落伞的质量问题而送命。但是，降落伞商却不以为然，他们认为99.9%已经够好了，世界上没有绝对的完美，根本不可能达到100%的合格率。军方在交涉不成功时，改变了质量检查办法，他们从厂商前一周交货的降落伞中随机挑出一个，让厂方负责人

装备上身后，亲自从飞机上往下跳。这时，厂商才意识到100%合格率的重要性，于是奇迹很快就出现了：降落伞的合格率一下子就达到了100%。

我们工作中出现的问题，有时候的确只是一些细节、小事上做得不够到位，而恰恰正是这些细节、小事的不到位，常常会造成较大影响。对很多工作来说，执行上的一点点差距，往往会导致结果出现很大差别。很多执行者工作没有做到位，甚至相当一部分人做到了99%，就差1%，但就是这点细微的差别使他们在事业上很难取得突破和成功。

因为一百次决策，有一次失败了，可能让企业关门；一百件产品，有一件不合格，可能失去整个市场；一百个员工，有一个背叛公司，可能让公司蒙受无法承受的损失；一百次经济预测，有一次失误，可能让企业破产。因此，不要忽略每一个细节。

很多安于现状的员工，当他们的工作达到99%的合格率，甚至低于这一合格率时，就沾沾自喜了。但是，市场对企业的要求，从来都是拿着"显微镜"来审视的，并且实行一票否决制。如果你生产的1万套服装中，有一套质量不合格，消费者就会说"你的服装质量不合格"，而不会说"你的服装有1套不合格，另9999套是合格的"。所以盯紧执行中的细节，找出执行中的问题，不让任何问题出现，是完美执行的关键。也许，影响全局的就是这毫不起眼的细微之处。有时候，一个微不足道的细节，就会葬送一个宏伟的计划，而一个精确、生动的细节则可以成就事业。纵观成功的组织或企业，对细节的苛刻追求造就了强有力的执行力，获取了巨大的成功。

被商业界誉为世界上最贵的字母"M"，麦当劳科学测算出92厘米是拿取食物、放置钱币的最合适高度，因此规定全世界的分店销售柜台高度都做成92厘米，由此成为快速食品第一帝国。其竞争对手肯德基，在食品的制造工艺上，严格规定鸡块要在面浆中拿进拿出15次后再进行烹炸；世界"零售第一巨头"沃尔玛规定所有出现在卖场的员工，要对周围3米距离内的顾客致以微笑，并规定微笑时要露出8颗牙齿；西点军校对学员的细节要求可以用严酷来形容，同时按照军事的执行力来管理，造就了大量的社会精英和管理专家……

每一个员工都应该关注细节，因为细节总会在关键时候起到关键的作用。没有哪件事情小到不值得重视，也没有哪个细节细到不值得做好。只有把所有的细节都做好，把所有的问题都解决掉，才能真正实现完美的执行。

任何一件事情的成功，都是许许多多细节得到重视并得以恰当对待的结果。而一件事的失败，则有可能仅仅源于某一个细节未得重视或处置欠当。对于一些本该注意到、处理好而没有真正当回事儿、真正处理好的细节，自身如果不能有清醒的自省认识，如果不能经常自我反思并注重提高，说不定会在另外的什么时间、地点产生相当不小的负面影响，甚至会耽误大事，有时候还会带来严重的后果。所以执行过程中一定要重视对细节的检查和监督，不放过任何的问题，以保证执行的完美。

附录：

1. 责任心测试题

1. 与别人约好见面时，你习惯什么时间出门？
   A. 不急不慌，确定对方快到时，自己才出门
   B. 算准自己的路程时间，掐着点儿到达目的地，但时常因为堵车等原因晚到几分钟
   C. 提前出发，比约定时间早十分钟到达目的地

2. 当你匆忙给上司去送文件时，发现走道正前方有个矿泉水瓶，一不小心就会滑倒人，你会怎么做？
   A. 不闻不问绕过去，心里想：反正不是我扔的
   B. 一脚把它踢到墙根
   C. 用手捡起来，扔到走廊尽头的垃圾桶内

3. 健康专家提醒你不能再吃脂肪过高和其他有害身体健康的垃圾食物了，你会怎么做？
   A. 管它呢，满足口欲才是最重要的
   B. 想吃时就吃一点，控制点量就好了
   C. 严格控制自己的食欲，避免与垃圾食品的接触

4. 周末时间，在网上和一位好久不见的同学聊得正欢，母亲让你帮忙去买酱油，你会怎么做？
   A. 一口拒绝，让母亲自己去买
   B. 让母亲稍等，自己再聊一会儿
   C. 和同学说一声，先去买东西回头再聊

5. 过马路时，路口没有警察，车也不是太多，赶时间的你会遵守交通规则吗？

> 赢在责任心
> 　　　　胜在执行力

A. 一味猛闯，看着很多人急刹车心里暗自高兴

B. 趁两边没有车时，快速穿过

C. 安全第一，静等红灯变绿

6. 周末，伴侣在厨房里忙进忙出，为劳累一周的你做着大餐，你在做什么？

A. 心情大好地嗑着瓜子，看着娱乐节目，坚决不去那"油烟之地"

B. 偶尔进厨房看一下，尝几口做好的菜

C. 到厨房打下手，或是洗洗衣服，一起享受家务之乐

7. 你的两个好友 A 和 B 谈恋爱时，你发现 A 和他的前任女友仍暧昧不清，你会怎么做？

A. 假装不知道，他们两人事让他们自己去解决

B. 委婉地提醒 A，让他对 B 好一些

C. 和 B 说清楚，让她"好自为之"

8. 周末逛街时，一位客户打电话说已到公司门口，想和你谈合作事宜，你的每一反应是什么？

A. 毫不留情地给予拒绝，说："现在是私人时间，请周一过来！"

B. 找个借口说自己暂时赶不过去，让对方另约时间

C. 让客户稍等，说明自己所在的位置并立即赶回公司

9. 每天一早到公司时，你有打开邮箱查看新邮件的习惯吗？

A. 偶尔会，认为同事、客户有急事会打电话的

B. 时常会，还没养成每天早上第一时间查看邮箱的习惯

C. 每天都会，生怕耽搁了工作上的事

10. 下班时间到了，你一天的工作还有一部分没做完，你会怎么办？

A. 准时下班，剩余的工作明天再说

B. 最晚待到六点半，做完做不完就不管了

C. 习惯今日事今日毕，在办公室或是带到家做完

积分规则：

选 A 得 1 分，选 B 得 2 分，选 C 得 3 分。

结果分析

10—17 分，你的责任感有所欠缺

你的责任感有所欠缺，周围的大多数人都对你有意见，你一次又一次地逃避责任，将会使你难以得到大家的充分信任，造成你每个工作都干不长，人缘也不太好。

18—24 分，责任感比较弱

大多数情况下你都很有责任感，只是偶尔有些率性而为，没有考虑得很周到。只要稍加改进，一定会改变现状。

25—30 分，很有责任感

你是一个非常有责任感的人，你行事谨慎、懂礼貌，为人可靠，并且相当诚实，只要运用得当，无论在什么岗位都能有所作为。

2. 执行力的测试题

1. 上司交给你一项工作任务时，你能否在规定的时间内完成呢？
   A. 几乎无法完成
   B. 大多数会如期完成
   C. 一定会如期完成

2. 你曾经以"这不是我职责范围内的事"等理由来逃避工作任务吗？
   A. 至少 3 次以上
   B. 仅有过一两次
   C. 从来没有过

3. 当你抓紧时间安排手头上的工作或任务时，突然有同事来找你帮忙，而你的时间也很急迫，你会怎么做呢？
   A. 放下手头上的事来帮同事的忙
   B. 找个借口推辞掉
   C. 先说明原因再拒绝，然后完成自己的工作

4. 当你接受一项工作或任务时，你习惯怎么做？

   A. 先放着等会再做

   B. 立即着手去做

   C. 先弄清楚预期的目标和交付的时间再着手去做

5. 当你在超市买东西正准备结账时，上司刚好打电话过来要你立即回公司一趟，你会怎么做？

   A. 优哉游哉，结完账再去

   B. 结完账匆匆赶回公司

   C. 放下东西立即赶回公司

6. 一天上午经理要你打印一份文件，说下午开会时要用，你会怎么做？

   A. 中午才打印

   B. 立即打印，并送呈给上司

   C. 大致浏览下，确认无误后立即打印

7. 某天，你和上司一起去开会，即将轮到上司发言时，你发现演讲稿似乎少了一句，你会怎么做？

   A. 觉得无所谓

   B. 和上司说一声，让他自己拿主意

   C. 拿笔写上去，并通知上司知道

8. 当上司询问你执行任务的进度时，你通常会怎么回答？

   A. 应该能完成，你放心

   B. 已经顺利完成了 2/3 了

   C. 目前完成了 2/3 了，明天下午 6 点前全部完成

9. 身为团队的负责人，当团队成员意见发生分歧时，你会怎么做？

   A. 不闻不问

   B. 责怪团员

   C. 找出原因，进行调节

10. 有一次，部门参加公司组织的体能训练时，每个人都发挥得很出色，但团体训练时却成绩平平，这样的情况说明了什么？

A. 评估方法不适当
B. 每个团队的成员都很优秀
C. 团队合作不协调

积分规则：

选 A 得 1 分，选 B 得 2 分，选 C 得 3 分

心理测试结果：

得 10—17 分，执行力较弱

你的执行力比较弱，工作质量也比较差，做事情总是拖拖拉拉，不到一定的时候不做。如果你想获得成功，可能需要付出更大的努力。当你执行任务时，不要让你的懒惰和理所当然冲昏了头，要加把劲哦。

得 18—24 分，执行力普通

你有一定的执行能力，却少了几分热情。但这不是你获得成功的大碍，只要行事稍加注意，多点细心和耐性，多加强自己的责任心，从一开始，就抱有执行到底的心态，就一定能增加执行成功的机会。

得 25—30 分，执行力较强

你的执行力很强，只要有心，从小处做起，从细节出发，注意创新与细节的执行，坚持不懈地努力，就能顺利地执行到底。同样，你的事业一定会达到你理想的顶峰，只要你善于利用时机，坚持自己的执行力。